두 발의 고독

두 발의 고독

시간과 자연을 걷는 일에 대하여

STIENS HISTORIE

토르비에른 에켈룬
Torbjørn Ekelund

김병순 옮김

싱긋

일러두기

1. 이 책은 원저의 영역본인 Becky L. Crook (trans.), *In Praise of Paths: Walking through Time and Nature* (Vancouver: Greystone Books, 2020)를 번역 대본으로 삼은 것이다.

2. 인명·지명·작품명은 국립국어원 외래어 표기법과 이에 근거한 편수자료를 참조해 표기하는 것을 원칙으로 삼았으나, 일부는 관행을 따랐다.

3. 지은이 주는 숫자(**1**, **2**, **3**……)로 표시하여 미주로 처리했고, 옮긴이 주는 별표(*)로 표시하고 각주로 처리했다.

4. 단행본, 전집, 정기간행물에는 겹낫표(『 』)를, 단편, 시, 희곡, 논문, 기사 등에는 홑낫표(「 」)를, 그리고 노래, 공연물, 영상물 등에는 홑화살괄호(〈 〉)를 사용했다.

차례

c o n t e n t s

1977년 초봄, 오두막 뒷길을 걷는 두 여동생과 나

"세상은 걸어서 여행하는 사람들에게
참모습을 드러낸다."

_베르너 헤어초크Werner Herzog

제프 니컬슨의 서문

토르비에른 에켈룬의 『두 발의 고독』을 읽은 뒤 이상한 습관 하나가 생겼다. 세상 이곳저곳을 걷다가 '내가 걷고 있는 이 길이 책에서 말한 그 길일까?' 하고 자꾸 스스로 묻게 되는 것이다. 어쩌다 그게 제대로 들어맞을 때가 있다. 특별한 길, 가령 시골의 오솔길이나 정원 산책로, 배를 견인하기 위해 강둑이나 운하 옆으로 길게 이어진 길이나 말을 타고 다니는 길을 걷다가, 문득 그 사실을 깨달으면 마음이 아주 편안해진다.

그러다 어느 때는 질문이 훨씬 더 복잡해지기도 한다. '내가 걷고 있는 이 길이 산길인가, 좁은 오솔길인가? 혹시 차도나 인도는 아닐까? 어쩌면 사람이나 동물이 지나다니며 자연스럽게 난 길일지도?' 가령 잉글랜드에는 건물이나 담장, 울타리 사이로 난 좁은 골목길들이 있는데, 내가 태어난 북부 지방에서는 그것을 '지널gennel(또는 jinnel)'이라고 부르고, 그 밖의 다른 지방에서는 '스니켓snicket' '트위튼twitten'이라고도 부른다. 그것들이 길의 형태를 가리키는 건지, 아니면 물리적으로나 철학적으로 완전히 다른 어떤 것을 뜻하는 건지 나는 잘 모른다. 어쩌면 길과 전혀 무관한 말일 수도 있다.

어쨌든 나는 이 의문들에 분명하게 대답할 자신이 없다. 하지만 토르비에른 에켈룬이라면 거기에 훌륭한 답변을 해줄 수 있을 것 같다. 그가 독단적인 작가나 사상가가 아니라는 사실은 얼마나 다행스러운 일인가. 어쩌면 앞서 얘기했듯 내가 가끔 곤혹스러운 상황에 빠질 때처럼, 길이란 많은 사람들이 단번에 알아채는 것과 다르게 그리 단순한 것이 아닐지 모른다. 말하자면 길이 "그저" 길 자체인 경우는 거의 없다는 말이다. 그렇다. 길은 A지점에서 B지점(또는 Z지점)까지 가는 경로일 수도 있지만, 거기에는 대체로 매우 은유적이고 비유적인 의미가 담겨 있을 수 있다.

에켈룬은 "길"이라는 단어를 구글로 검색하면 "물리적인 의미의 길보다 종교적이거나 정신적인 의미의 길과 관련된 언급이나 자료, 즉 요가, 명상, 마음수련 같은 내용들이 수없이 많이 나온다"고 말한다. 거기에는 또한 불교, 힌두교, 기독교, 이슬람교에 관한 자료들도 있을 것이다. 그것들은 서로 표현방식만 다를 뿐, 길이라는 개념을 정신적 성장과 발전의 상징으로 쓴다는 점에서는 모두 같다.

온라인 검색을 하다보면, "빛나는 길Shining Path"—1960년대 말에 만들어진 페루의 공산주의 혁명집단—이나 애니 베전트Annie Besant가 1878년에 저술한 『무신론에 이르는 길My Path to Atheism』 같은 정신적 의미와는 거리가 먼 내용도 발견할 수 있다. 따라서 인간이 나아가는 모든 행로가 길이라는 단어로 이어지는 것처럼 보인다.

때로는 곧게 뻗은 좁은 길만 걷기를 충고하는 글들도 발견할 수 있는데, 진지한 여행자나 걷기 좋아하는 사람들은 그런 조언을 거의 듣지 않는다. 에켈룬은 확실히 그런 유에 속하는 사람이다. 그는 아무 목적 없이 어슬렁거리며 떠돌고, 갑자기 옆길로 새기도 하고, 구불구불한 길을 찾아 거닐고, 사람의 발길이 닿지 않은 길을 물리적으로나 지적으로 가능한 모든 방법을 동원해서 이리저리 돌아다닌다.

그가 언급하는 대상의 범위는 영어권 독자들에게는 각별히 흥미롭고 신선하다. 때때로 그가 말하는 길을 찾는 사람들에는 세상에 널리 알려진 유력 인사들, 즉 버지니아 울프, 에마 게이트우드, 에드워드 페이슨 웨스턴, 베르너 헤어초크 같은 사람들도 있지만, 노르웨이 영토를 최초로 횡단한 비에른 암스루Bjørn Amsrud나 산꼭대기에 있는 그의 오두막을 찾아올 때마다 새로운 경로를 통했던 철학자 아르네 네스Arne Næss 같은, 세상에 그리 잘 알려지지 않은 인물들—대체로 스칸디나비아인—을 우리에게 소개한다. 특별히 내 관심을 끌었던 인물은 콩고민주공화국에 투옥된 적이 있는 노르웨이인 용병 출신 조슈아 프렌치Joshua French였다. 그는 감옥에 갇혀 있는 동안 길이가 15미터밖에 안 되는 복도를 날마다 왔다갔다했다. 나는 또한 "프릴루프츨리브friluftsliv"라는 노르웨이어 단어를 발견하고 반가웠다. "신선한 공기를 마시는 야외 생활"이라는 단순한 의미인데, 야외에서 시간을 보내는 것이 육체와 정신 건강에 필수적이라는 철학이 담겨 있다. 이런 생각들을 접하면 독자들은 구글 검색을 좀더 하거나 장서가 많은 큰 도서관을 찾고 싶어질 수도 있다.

에켈룬이 절대적으로 옳다고 이해하는 것 가운데 하나는 보편과 특수, 공적인 것과 사적인 것, 대서사와 온전히 개인적인 서사 사이의 절묘한 균형이다. 그는 길이 우리를 앞으로 나아가게 하지만 동시에 과거의 우리 자신에게 되돌아가게 하기도 한다는 걸 제시한다. 그는 이 책에서 자신이 성인이 되어 걸었던 많은 길에 대해 들려주는데, 그것들은 또한 어렸을 때 가족들과 휴가를 보낸 오두막으로 가는 길로 그를 다시 이끈다. 그는 시간의 흐름과 결국 죽을 수밖에 없는 인간의 운명을 매우 감동적으로 표현하기 위해 실제로 걸어서 그 장소를 다시 찾아가거나 때로는 자신의 기억 속에서 그곳을 되새김질한다.

불교적 선禪의 관점에서 보면, 우리는 똑같은 길을 두 번 다시 걸을 수 없다. 길이든 우리 자신이든 모두 매 순간 다르기 때문이다. 그러나 에켈룬은 우리가 날마다 걷는 그 길이 우리보다 앞서 다른 사람들이 걸었던 길들과 서로 연결되어 있으며, 모든 길은 언제나 그 길을 걸은 다른 사람들과의 연결을 수반한다고 말한다. 그는 또 "길은 어떤 한 사람이 홀로 만들 수 있는 것이 아니다. 길은 먼 과거로 거슬러올라가 오랜 세월에 걸쳐 수많은 사람들이 걸어 다닌 행동이 모두 모여 만들어지는 것"이라고 쓰고 있다. 이 말은 내게 매우 심오한 깨달음을 준다. 당연한 소리 같지만, 사실 대부분의 사람은 길에 대해서 그런 식으로 생각해본 적이 없다. 그것이 바로 각성, 즉 깨달아 안다는 뜻일 것이다.

앞으로 내 가슴속 깊이 새겨둘 에켈룬의 지혜로운 생각 두 가지를 고백하자면, 첫째는 "길의 역사는 우리의 역사"라는 것, 둘째는 "길은 혼돈 속의 질서"라는 것이다. 이 두 가지 지혜는 우리가 섬겨야 할 말이자, 침잠하며 스스로를 되돌아보고 새롭게 발견하기 위해 필요한 말이기도 하다.

제프 니컬슨Geoff Nicholson(소설가, 에세이스트)

자발적 이동: 길의 전제 조건

캐나다 뉴펀들랜드 남동쪽에 있는 미스테이큰포인트 생태보호지Mistaken Point Ecological Reserve의 협만 입구에는 발자국 궤적이 하나 있다.[1] 폭이 1.3센티미터, 길이는 18센티미터로 대략 5억 6,500만 년 전 것으로 추정되고 있다. 궤적은 중앙에 금이 간 회색 암반을 가로질러 길게 이어져 있다. 일직선으로 죽 뻗은 형태가 아니라, 좌우로 조금씩 꿈틀거리며 나아간 듯 선의 테두리가 들쑥날쑥한 모양이다. 그것은 어느 지점에서 움직임이 시작되었는지를 명백히 보여주는데, 그 궤적을 만든 생명체는 몸을 움직이기 전에 꽤 오랫동안 휴면기에 들었던 걸로 보인다. 그 발자국의 궤적을 보면 앞서 그려진 흔적이 완전히 사라지면서 점점 희미해지는 것을 알 수 있다. 외양만으로 볼 때 그 발자국은 느리게 움직이는 생명체, 달팽이나 그것과 비슷한 어떤 생물이 만든 것이다.

1960년대에 이 화석 발자국이 발견되었을 때 잠시 세간의 주목을 받았는데, 그 발자국을 만든 생명체가 자기의지로 한 장소에서 다른 장소로 나아갈 수 있는 이동능력을 지녔다는 사실 때문이었다. 그것은 단순하면서도 복잡한 문제다. 미스테이큰포인트에서 발견된 발자국 궤적은 지구의 역사에서 생명체의 자발적 이동을 기록으로 보여준 최초의 물적 증거다. 자발적 이동은 길이 탄생하기 위한 전제조건이다.

여는 말

우리는 한때 방랑하는 유목민이었다. 한곳에 오래 머무는 법 없이 이곳저곳으로 옮겨다녔다. 그때 세상은 모두에게 열려 있었고, 아직 인간의 손길이 닿지 않은 곳이 많았고, 인위적으로 그어진 어떤 경계선도 없었다. 우리는 어디로든 갈 수 있었고 마음만 먹으면 미지의 새로운 땅을 탐험할 수 있었다.

이제 우리는 한곳에 머물러 산다. 앉아서 생활하는 데 익숙하다. 가게에 물건을 사러 갈 때는 차를 몰고, 먼 곳으로 여행을 떠날 때는 비행기를 탄다. 피자를 먹고 싶으면 전화로 주문하면 된다. 문 앞까지 배달해준다. 자동으로 잔디 깎는 기계와 로봇을 사면 그것들이 우리가 해야 할 일을 대신 한다. 그사이에 우리는 앉아서 햇볕을 쬐며 잔디 깎는 일보다 더 긴급한 문제들에 대해서 생각한다.

떠도는 일은 본래의 목적을 상실했다. 그것은 이제 더는 생존을 위해 반드시 거쳐야 할 일이 아니고, 오히려 일종의 오락과 취미가 되었다. 우리는 세상의 한 언저리에서 비행기를 타고 날아가 다른 언저리에 내린다. 스스로 애쓰지 않아도, 또 비행기 창밖으로 보이는 구름 아래 수천 미터 떨어진 지상의 길과 지형에 대해 아는 게 없어도 엄청나게 먼 거리를 쉽게 이동할 수 있다. 지구 한쪽에서 다른 쪽으로 이동하는 동안 힘이 가장 많이 들 때가 공항에서의 탑승 수속 절차가 된 뒤로 세상은 많은 것이 바뀌었고, 그 결과 우리는 많은 것을 잃었다.

자연의 풍경과 지리를 읽을 줄 아는 능력은 인간이 생존하는 데 필수적이었다. 하지만 지금은 우리가 모르는 곳을 가더라도 행로에 대한 지식이나 지도, 나침반 등은 없어도 된다. 길은 스마트폰과 위성항법장치GPS에 표시된다. 길을 걷다가 방향을 확인하고 싶으면 현재 장소와 걷고 있는 길 주변을 주의깊게 살펴보는 대신, 눈부시게 밝은 스마트폰이나 GPS 화면을 들여다보면 된다. 오늘날 우리의 공간감각은 불필요한 능력이 되었다. 거리감각도 마찬가지다.

길은 처음에 주된 통행로였다. 자연의 풍경 사이를 구불구불 휘돌아 가는 길은 처음 그 길을 만든 사람들에 대한 아주 근본적이고 중요한 사실들을 말해준다. 길이 뻗어나간 모양은 결코 우연히 만들어진 것이 아니다. 그렇다고 두 지점 사이의 가장 가까운 거리를 일직선으로 연결해놓은 것도 아니다. 그 이유는 명백하다. 생존에 필수적인 에너지를 보존하기 위해서, 위험에 대한 저항을 최소화할 수 있는 길을 선택하는 것은 인간의 본능적 성향이다.

소식을 전하는 전령들은 오솔길이나 마찻길을 걸어 다녔다. 길을 걷는 데 걸리는 시간은 걷는 데 드는 에너지보다 덜 중요했다. 소식이 도착했을 때 그것은 이미 쓸모없어졌거나 심지어 틀린 사실이 될 때도 있었다. 유럽에 있는 친척들이 미국으로 이민 간 사람에게 보낸 편지에 "모두 잘 지내고 있어"라고 썼다면, 수신자가 그 편지를 읽을 때쯤이면 이미 몇 달이 지난 터라, 편지 속 친척들 가운데 많은 이가, 어쩌면 편지를 쓴 사람조차 기아나 결핵, 성홍열, 또는 출산 과정에서 죽었을 수도 있다.

모든 여행의 전제는 시간이 걸린다는 것이었다. 따라서 전쟁이 터졌다는 소식을 전하는 전령이 도착할 때쯤이면 벌써 전쟁이 끝나 있을 수도 있었다.

길의 역사는 또한 막 사라지려고 하는 세계의 역사이기도 하다. 우선, 사람과 동물이 오가며 자연스레 만들어진 좁은 오솔길은 도로로 바뀌었고, 두 발로 걷던 길은 마차와 수레가 다니는 길이 되었고, 흙길은 아스팔트와 콘크리트길로 대체되었다. 더 최근에는 마차와 수레가 승용차와 트럭으로 바뀌었고, 도로는 더 넓어졌다. 늪의 물이 빠지고, 산이 폭파되고, 평원지대에는 자잘하게 부순 자갈들이 깔렸다.

옛날에는 여정을 짤 때 어떤 길을 가느냐가 중요한 변수였다. 하지만 오늘날은 자연경관을 개조하고 변경하는 것이 가능하다. 산을 폭파시킬 수도 있고, 습지의 물을 뺄 수도 있고, 강물의 물길을 파이프를 통해 다른 데로 돌릴 수도 있다. 우리는 여행을 가로막는 물리적 공간의 장애물들을 거의 다 제거했다. 반면에 시간은 오늘날 가장 중요한 요소가 되었다.

노르웨이 작가이자 철학자 페테르 베셀 사페Peter Wessel Zapffe가 쓴 일화 「도로The Road」에 다음과 같은 이야기가 나온다.

> 길이 세상에 온 방식은 이렇게 두 발과 부드러운 부식토의 만남을 통해서다. 사람들과 길은 함께 성장하고 좋은 날이든 나쁜 날이든 늘 함께했다. (…) 그러던 어느 날 전에 보지 못했던 새로운 일이 발생했다. 계곡으로 거슬러올라가는 길을 시끄러운 괴성을 지르고 고약한 악취를 풍기는 트롤troll*들의 차량이 마구 두들겨 부수었다. (…) 그 뒤 토목기사들이 왔다. 무쇠로 된 해골, 각이 진 뇌, 광선에 쐬어도

* 북유럽신화와 전설에 등장하는 초자연적 존재로, 대개 인간에게 우호적이지 않은 흉측한 거구의 괴물로 묘사된다.

아무렇지 않은 석영유리 눈을 가진 기이한 사람들. 그들은 날카로운 쇳소리를 내며 삼림을 마구 난도질했다. 그들은 천둥소리 같은 굉음과 연기를 내뿜으며 산의 동맥을 끊어 피 흘리는 돌들을 질질 끌고 갔다. 그들이 지나간 뒤로는 커다란 빈 공간이 넓게 펼쳐졌다. (…) 새로 난 도로는 정해진 목표를 제외한 모든 것에 귀 막고 눈 감은 미친 사람처럼 무작정 앞으로 밀고 나갔다.[2]

옛날에 길은 자연풍경과 서로 어울렸다. 길은 자연경관을 파괴하지 않았다. 그러나 도로는 달랐다. 도로의 출현은 모든 것을 바꿨다. 도로는 자연 본래의 풍경을 개조했을 뿐 아니라, 계절이 바뀜에 따라 먹이를 찾아 다시 제자리로 돌아가는 것이 생존에 필수적인 불곰과 순록, 연어, 늑대 같은 거의 모든 살아 있는 생명체들의 이주를 가로막는 방해물이 되었다.

동물들의 이동 경로는 가로놓인 거대한 도로들 때문에 막혔다. 철새들의 이동 경로는 어느 날 갑자기 창공을 지배하기 시작한 날아다니는 거대한 금속 흉물덩어리들 때문에 끊기고 말았다. 해마다 물고기들이 알을 낳기 위해 상류로 이동하는 길도 강물을 가로막은 댐과 다리들 때문에 끊겼다. 수많은 종이 천연 서식지를 잃고 멸종되었다.

내가 어렸을 때, 길은 내 삶의 전반을 일관되게 흐르는 하나의 공통된 맥락이었다. '걷기'는 존재의 자연스러운 부분이었다. 걷지 않고는 살 수 없었기 때문이다. 길은 모든 곳에 있었다.

그뒤 나는 어른으로 성장했고 사무실에서 일하기 시작했다. 길은 내 삶에서 사라지고 말았다. 내 삶에서 이동이 사라진 것처럼 말이다. 내가 어디로 가야 할지는 표지판들이 가리켰다. 아스팔트 도로는 내 모든 발걸음을 평탄하게 했다. 가로등은 어둠을 내몰았다. 고속도로 게이트와 경계석은 내가 올바른 방향으로 가도록 인도했다.

이제는 더이상 어떤 것도 발견할 수 없었다. 이제 더는 내가 어디에 있고 어디로 가야 하는지 알기 위해 주변을 두리번거릴 필요도 없었다. 최적의 경로에 대한 내 판단을 신뢰하고 그곳이 어딘지 결정할 필요도 없었다. 이동하는 삶은 일정한 곳에 체류하는 삶으로 바뀌었다. 어딘가에 갈 때는 차를 몰았다. 가고 싶은 곳이 있지만 차를 타고 갈 수 없을 때는 대개 집에 그냥 머무르는 것으로 끝나곤 했다.

어느 날 내 인생을 바꿀 중요한 일이 일어났다. 어쩌면 내게 더 좋을 수도 나쁠 수도 있는 변화였다. 나는 한 저자와 인터뷰를 했다. 우리는 오슬로 도심에 있는 한 사무실의 커다란 흰 탁자를 사이에 두고 서로 마주앉아 있었다. 그는 자신이 쓴 책에 대해서 내게 이야기하고 있었다. 나는 이야기에 집중하려고 애썼지만 갑자기 정신이 혼미해지는 것 같은 느낌이 들었다. 마치 내면에서 모든 작동이 정지한 것 같았다. 나는 그를 멍하니 바라보았다. 그의 입이 움직이는 것을 볼 수 있었지만 그가 무엇을 말하고 있는지 더이상 이해할 수 없었다. 내가 기억하기로 그때 내 머릿속에 떠오른 마지막 생각은 '지금 내게 무슨 일이 일어나고 있는 거지?'였다.

의식이 돌아왔을 때 나는 구급차 안에 있었다. 한 남자가 내게 말을 걸고 있었다. 그의 얼굴이 크고 흐릿한 모습으로 머리 위에서 빙글빙글 맴돌았다. 그가 노란색 형광줄무늬의 붉은색 재킷을 입고 있다는 것을 알았다. 그 남자는 "내 말이 들립니까?" "내 말이 들려요?"라고 물었다. 나는 대답하려고 했지만 말이 나오지 않았다. 마치 대양의 밑바닥에 누워 있는 것 같은 느낌이었다. 나는 그 붉은색 재킷을 입은 남자에게 헤엄쳐 올라가려고 했지만, 그는 너무 멀리 떨어져 있었고, 나는 힘이 없었다. 나는 뭔가 말하기 위해 입을 열었다. 그러자 모든 것이 다시 깜깜해졌다.

몇 시간 뒤 병원에서 의식이 깨어났다. 나는 침대에 누워 있었고 사람들이 여기저기 바삐 돌아다니고 있었다. 간호사와 의사들이 왔다갔다했다. 그들은 내가 이해하지 못하는 것들에 대해 이야기하고 내가 알지 못하는 용어를 써서 말했다. 그들은 내 머리를 검사했다. MRI를 찍고 CT 촬영을 했다. 내 전신을 엑스레이로 찍었다. 하지만 아무것도 발견하지 못했다. 모든 것이 정상으로 보였다. 하지만, 얼마 뒤 매우 극적인 사건이 내게 발생했다.

나는 병실에 입원해 있으면서 서서히 회복하기 시작했다. 언어능력이 다시 돌아왔고 기억력도 회복되었다. 입원한 지 3일 만에 한 의사가 와서 내가 뇌전증에 걸렸다고 알려주었다. 그가 말했다. "이제 당신의 삶은 많은 것이 바뀔 겁니다. 그중 하나가 더 이상 운전을 하면 안 된다는 겁니다."

퇴원하기 전날, 나는 누운 채 이 변화에 대해서 생각하고 있었다. 거의 30년 된 내 운전면허증은 이미 취소되었다. 가장 먼저 생각난 것은 이것이 실제 생활에 매우 큰 영향을 끼칠 것이라는 사실이었다. 운전면허증이 박탈되는 질병에 걸린 사람들은 대개 질병 그 자체보다 자신이 더이상 차를 운전할 수 없다는 것에 더 큰 충격을 받는다는 사실을 전해들은 적이 있다. 그것은 내게 어떻게 영향을 끼칠까? 내 삶은 완전히 바뀔 것인가? 오랫동안 함께했던 볼보 승용차가 아쉽지는 않을까?

병원에서 퇴원한 뒤, 나는 마침내 자동차 열쇠를 모두 없애버렸다. 그러자 놀라운 일이 일어났다. 지금 생각해도 여전히 놀랍다. 나는 과거와 완전히 다른 새 사람이 되었다. 게다가 그런 상황에 익숙해지는 데는 며칠밖에 걸리지 않았다. 나는 이제 더이상 자동차를 모는 사람이 아니었다. 차를 몰고 나가는 대신 어디든 두 발로 걸어 다니는 사람이 되었다. 그러한 변화에 적응한 내 모습은 이전에 상상했던 그런 좌절한 모습이 전혀 아니었다. 실제로 그것은 해방된 삶이었다. 나는 그동안의 습관을 바꿨을 뿐 잃은 것은 하나도 없는 것 같았다. 생활은 느려졌고 맥박은 안정되었다. 세상은 어렸을 때 이후로 겪어보지 못한 방식으로 내게 활짝 문을 열었다.

가야 할 곳이 있으면 모두 걸어서 갔다. 길은 이렇게 내 삶 속으로 다시 돌아왔다. 땅이 젖지 않은 널찍한 길은 빨리 걸어갔다. 가파르고 젖은 길은 걷는 속도가 느렸다. 걷는 데 걸리는 시간은 이제 무의미해졌다. 공간은 내게 또다시 여행의 주된 요소가 되었다.

이것은 계시이자 구원이었다. 갑자기 나는 어디서든 길을 볼 수 있었다. 그 길은 여태껏 그것이 있는지조차 알지 못했던 중요한 길이었다. 푸른 잔디밭을 가로지르는 좁다란 오솔길, 수풀 속으로 난 짐승들이 다니는 길, 산울타리를 관통하고 정원들 사이를 들락날락하고 운동장과 주차장을 가로지르는 지름길들이 눈에 보이기 시작했다. 심지어 그동안 아무 생각 없이 타성에 젖어 집까지 늘 다니던 길도 새롭게 눈에 들어왔다.

나는 새롭게 걷는 방식들을 시험해보기 시작했다. 빨리 걸어

보기도 하고 느리게 걸어보기도 했다. 무거운 배낭을 메고 걷기도 하고 빈 배낭을 메고 걷기도 했다. 무거운 등산화를 신기도 하고 가벼운 운동화를 신기도 했다.

여름휴가 때에는 맨발로 걸었다. 7월 한 달 내내, 발에 아무것도 신지 않고 다녔다. 가을이 왔을 때, 나는 눈을 감은 채 걸어서 출근했다. 기이한 기분이었다. 그때 나와 마주친 사람들은 분명 내가 미쳤다고 생각했을 것이다. 그러나 난 미치지 않았다. 그저 그게 어떤 기분인지 알고 싶었을 뿐. 발걸음을 인도하는 시력이 사라지자, 나는 온전히 몸의 움직임에 모든 주의력을 집중하게 되었다. 두 발이 어떻게 작동하고 있는지를 느낌으로 알았다. 한 발에서 다른 발로의 체중의 이동. 한쪽 발뒤꿈치가 땅에 닿으면서 두 발의 엄지발가락들이 바닥을 딛고, 다른 쪽 발뒤꿈치가 땅에 닿는 동시에 모든 발가락들이 바닥에서 떼어지며 완벽하게 조화를 이루는 과정을 생생하게 느낄 수 있었다. 팔은 다리와 균형을 맞춰 탄력 있게 움직였다. 왼팔이 앞으로 가면 오른다리는 뒤에 있으면서 몸에 균형을 잡아주는 복잡한 상호작용 속에서 나는 앞으로 나아갔다. 엉덩이와 다리근육이 어떻게 내 몸을 앞으로 밀어내는지, 그동안 있는지도 몰랐던 작은 근육들이 내 몸을 어떻게 지탱하고 필요한 균형을 회복시켜주는지를 느낄 수 있었다. 인간의 발은 복잡한 안무처럼 연출된 순서에 따라 함께 작동하는 스물여섯 개의 뼈로 이루어져 있다. 이전에 나는 그것들에 대해서

찬찬히 생각해본 적이 없었다. 그러나 이제는 그 뼈들의 움직임을 하나하나 모두 식별할 수 있다는 생각이 들었다. 비록 내 눈은 감겨 있었지만, 얼굴은 척추를 곧추세워 머리를 받치고 정면을 바라보았다.

나는 몽유병 환자처럼 걸어서 출근했다. 그러자 전에는 전혀 듣지 못했던 주변의 소리들이 귀에 들어왔다. 비행기들이 공항에 이착륙하는 소리, 자동차 엔진이 켜지고 꺼지는 소리, 교통신호등이 점멸하는 건널목 앞에서 보행자 횡단을 알리는 신호음이 들렸다. 새들이 내는 울음소리의 미묘한 차이, 멀리서 들리는 구급차 사이렌 소리, 버스가 정류장에 멈춰 서서 차문을 철커덩 열고는 한숨 쉬듯 내뱉는 소리. 나는 아침 바람에 가을의 메마른 낙엽들이 길바닥에서 바스락거리는 소리도 들었다. 학교 가는 아이들이 맑고 높은 톤으로 떠들며 이야기를 나누고 이리저리 부산스레 움직이며 발걸음을 옮기는 소리, 빗자루로 집 앞 계단을 쓰는 소리, 집배원이 우편함에 우편물을 찔러넣는 소리(그는 먼저 우편함 덮개를 들어올린 뒤, 마치 쏟아내야 할 격렬한 분노에 가득찬 사람처럼 우편물을 우편함 안으로 쑤셔박는다). 도시의 혼잡하고 북적이는 소리도 들렸다. 그 소리는 수많은 다양한 작업들이 내는 소음들에 불과했다. 눈을 감고 보도를 천천히 걷을 때 들리던 소리는 그 소음들 때문에 전혀 들리지 않았다.

나는 걷고 또 걸었다. 걷기를 거듭할 때마다 내면에서는 더 멀리 걷고 싶은 마음이 솟구쳤다. 그래서 장거리 도보여행길로 유명한 곳들, 즉 미국의 존 뮤어 트레일John Muir Trail, 아이슬란드의 뢰이가베귀르 트레일Laugavegur Trail, 스웨덴의 킹스 트레일King's Trail, 캐나다의 그레이트디바이드 트레일Great Divide Trail, 영국의 남서해안로South West Coast Path, 독일의 골트슈타이크 트레일Goldsteig Trail, 뉴질랜드의 테아라로아Te Araroa에 대한 정보를 찾아 읽었다.

저녁마다 나는 식탁 위에 지도를 펼치고 주방의 노란색 전등 불빛 아래서 그 도보여행길들에 대해서 연구했다. 지도 위에 그려진 그 길들은 강물처럼 구불구불 휘어지며 산으로 오르고 울퉁불퉁한 수로의 제방을 따라 산마루 위로, 늪 주변으로, 넓은 고원을 가로지르며 이어진다.

내가 이 길들을 걷는 것은 불가능할 수도 있었다. 우선 코스가 너무 길었다. 그만한 장거리는 나보다 더 강인한 사람들에게나 어울렸다. 그런 길들은 처음부터 끝까지 걷는 데 꼬박 몇 달이 걸렸다. 그 코스를 모두 걷는다는 것은 언제고 빼서 쓸 수 있는 은행 잔고가 두둑해서 당장 휴직을 하고 그곳에 갈 수 있는 여유가 있다는 것을 의미했다. 아니면, 자기 자신 말고는 다른 사람들을 책임질 자리에 있지 않은 나이 어린 청년이라야 그런 모험을 감행할 수 있을 것이다.

하지만 그 일을 시작할 수 있는, 다시 말해서 전 세계를 가로지르며 여행하거나 많은 돈을 들이지 않고도 그렇게 긴 코스를 걸을 수 있는 다른 방법들이 있었다. 길은 서로 닮았기 때문이다. 길은 거리가 짧든 길든, 풍경이 장엄하든 끔찍하든, 중국에 있든 인도에 있든, 러시아 북방수림 안이든 오슬로 인근의 숲속이든 모두 동일하게 내재된 논리에 따라 방향을 정해 나아간다. 나는 마음 내키는 대로 좁은 길들을 걸었다. 오래되고 잡초가 무성한 길, 깔끔하게 단장된 새로 난 길들도 걸었다. 평소에 다니던 길뿐 아니라 전혀 가보지 않았던 길도 걸었다. 나는 길에 대한 책이라면 그 주제에 상관없이 어떤 책이든 읽을 수 있었다. 길이 어떻게 그리고 왜 만들어졌는지, 그리고 유목민, 이주와 이동, 오리엔티어링orienteering*, 항해에 대해서 더 많이 알고 싶었다. 그리고 오늘날 우리가 더이상 걷지 않는 이유도 궁금했다.

나는 걸으면서 글 쓰는 일을 거듭했다. 걷는 횟수가 많아질수록 쓰는 양도 많아졌다. 그러면서 걷는 사람과 그들을 둘러싼 풍경의 역사에 대해 이야기하지 않고 길의 역사를 말할 수는 없다는 사실이 내게 점점 더 명백하게 다가왔다. 길과 풍경은 서로 떨어질 수 없는 불가분의 관계다. 그 관계는 사람과도 마찬가지다.

* 지도와 나침반만으로 길을 찾아가는 스포츠.

우리는 자신이 태어난 풍경과 관련지어 자신을 이해한다. 자기가 태어난 환경은 그 어떤 요소들보다 개인의 삶의 준거점들을 정해 준다. 우리는 어떤 풍경 속을 이동할 때, 내면에서 원초적으로 느끼는 어떤 것을 실행으로 옮기고 있는 것이다. 다시 말해서, 우리는 당초 가고자 했던 방향으로 이동하고 있는 것이다. 걷는 속도를 조절하면 주변의 풍경을 둘러보면서 세상을 우리의 내면으로 끌어들여 빠르게 변화하는 자연의 모습을 느긋하게 관찰할 수 있다. 그리하여 다양한 소리를 듣고, 냄새를 맡고, 얼굴을 스치는 바람과 햇살, 빗방울을 느끼며, 걸으면서 생각하고자 했던 것을 묵상할 수 있다. 그렇게 걷다보면 생각이 바뀔 수도 있다.

길은 인간이 걸어서 여행하는 것에 대한 이야기다. 길은 시작과 중간과 끝이 있다. 길의 앞에는 여행의 목적지가 있지만, 뒤에는 최초로 그 길을 만든 사람들을 포함해서 우리보다 먼저 동일한 길을 걸었던 모든 이가 있다. 따라서 길의 역사는 우리의 역사다. 그것은 노동과 삶, 탐험과 이주에 대한 이야기이며, 실타래에 감긴 실처럼 지구를 거미줄같이 복잡하게 둘러싸고 있는 망網에 대한 수없이 많은 이야기다.

이 책에서 말하고자 하는 것은 바로 그런 이야기들이다.

모든 길에 대한 평가

어렸을 때 우리 가족은 자그마한 목조 오두막을 한 채 소유하고 있었다. 그 오두막은 노르웨이의 수도 오슬로에서 남쪽으로 두 시간쯤 걸리는 작은 해안 도시 라르비크Larvik의 북쪽에 있는 한 호수 옆에 있었다. 오두막에서 가장 가까운 마을은 빛을 의미하는 뤼세보Lysebo라는 곳이었다. 그래서 우리는 그 오두막을 솔리Solli라고 불렀다. 산비탈에 비친 햇살이라는 뜻이다. 오두막은 숲 가장자리에 홀로 한가로이 자리잡고 있었다. 거대한 호수를 한눈에 굽어볼 수 있을 정도로 높은 곳이었다. 우리 가족 다섯 명—어머니, 아버지, 두 여동생과 나—이 해마다 주말과 휴일이면 자유 시간을 보낸 곳이 바로 여기였다. 그곳은 우리를 하나로 묶고 우리가 한 가족임을 깨닫게 해주는 중심이었다.

오두막 뒤쪽에 오솔길이 나 있었다. 길지 않았다. 그 길은 주변 경치도 아름답지 않고, 웅장한 풍광을 자랑하지도 않았으며, 도중에 눈여겨볼 만한 지점들도 없었다. 게다가 지도에 표시조차 안 되어 있었다. 그럼에도 내가 처음으로 길이라고 생각하며 걸었던 곳이다. 내가 아주 오래전 한때 알고 지냈던 유일한 길이었기 때문에 지금도 여전히 기억 속에 생생하다.

그 길은 들판을 가로질러 숲으로 뻗어 있었다. 산을 지나고 다리를 건너 작은 개울을 따라 이어졌다. 그 길을 처음 만든 사람이 누구인지, 왜 그 길을 냈는지에 대해서는 아는 것이 없었다. 그 길은 그냥 그 자리에 있었을 뿐, 내 어린 시절의 주요 환경을 구성하는 하나의 자연요소였다. 우리는 그 오두막에 갈 때마다 그 길을 따라 산책을 하곤 했다. 나와 여동생들은 앞장서 걸었고, 어머니와 아버지는 뒤따라왔다. 우리는 그 길이 끝나는 곳까지 걸어가 거기서 걸음을 멈추고 잠시 쉬었다. 그런 뒤, 돌아서서 왔던 길을 되돌아갔다.

오두막에 돌아오면, 우리는 그날의 해야 할 모든 의무에서 벗어난 것처럼 남은 시간을 자유롭게 쓸 수 있었다. 어머니는 미소 띤 얼굴로 "이제 안에서 놀아도 돼"라고 말하곤 했다. 우리는 잠시 동안 유목민이었다가 다시 문명인으로 돌아오도록 허용되었다. '앉아서 쉬고 싶다면 먼저 일어나 주위를 한 바퀴 돌고 올 것.' 그것이 우리가 자라면서 지켜야 할 원칙이었다.

어머니도 어렸을 때부터 그 길을 걸었다. 어머니는 우리가 걸을 때 이곳저곳을 가리키며 그곳에 대해서 설명했다. "저기는 마차를 타던 곳이야." "저 산은 말이 쉬었던 곳이지." "여기선 여름에 딸기가 열리고 가을에는 저기서 버섯이 솟아올라." "이곳에서는 카우슬립cowslip*이 자라. 저기는 우리가 나중에 크리스마스트리를 구하기 위해 갈 곳이야. 여기는 말코손바닥사슴이 지나가는 곳이지. 저기는 순록이 다니는 길이야. 여기는 할머니가 노루귀를 심어 기르던 작은 텃밭이야."

우리는 그 길을 걸을 때마다 그곳에 대해서 더 잘 알게 되었고, 몇 년 지나지 않아 그 모든 것을 달달 외게 됐다. 우리는 고도에 따라 길이 어떻게 달라지고 어디서 길이 구부러지는지 그곳 지형에 통달해졌다. 어디가 걷기 편하고 어느 지점부터 우리같이 작은 몸의 체력이 바닥나기 시작하는지도 알게 되었다.

우리는 우리가 지나다니는 다양한 장소들에 이름을 붙였다. 그 이름들은 그곳 풍경의 특징을 가장 잘 나타내는 것을 강조했을 뿐 다른 의미는 없었다. 예컨대 폭포, 산, 들판, 개울 같은 명칭이었다. 마치 세상에 폭포와 산, 들판, 개울, 그리고 길이 단 하나밖에 없는 것처럼 말이다. 당시에 나는 이 지구가 극히 작은 미생

* 향기가 좋은 노란색 꽃이 피는 야생앵초.

물에서 아주 거대한 동식물에 이르기까지 온갖 종류의 생명체들이 만들어놓은 길들로 사방으로 복잡하게 연결되어 있으며, 오래전 그런 생명체들이 지구 위를 걷기 시작했을 때부터 그 길들이 존재했다는 사실을 몰랐다.

그후, 우리는 나이를 먹었고 나와 여동생들은 성인이 되었다. 우리는 저마다 자기 가족을 이루기 시작했고 여러 도시로 이사했다. 그리고 자기 가족들의 휴가를 보낼 장소들도 따로 장만했다. 처음 그 작은 오솔길에 발을 디딘 지 10년 가까이 흘렀지만, 아직도 머릿속으로는 그 길을 계속해서 걸었다. 일상에서 스트레스가 많이 쌓이고 해야 할 일과 결정하기 힘든 일이 너무 많을 때마다, 침대에 누워 잠을 청할 때처럼, 나는 눈을 감고 그 길을 따라 걷는다. 그것은 활강스키 선수가 스키를 타고 비탈을 하강해서 자기 몸을 중력에 맡기기 전에 먼저 마음속으로 코스를 그려보는 방식과 다르지 않다. 나는 풍경 속의 하나하나—굽이굽이 모퉁이와 고도에 따른 변화—를 낱낱이 살핀다. 그것은 내가 어렸을 때 하던 방식이었다. 마음속에서 그 길을 걸을 때마다, 그 모습은 늘 변한다. 어떤 것은 새로 추가되고 또 어떤 것은 빠진다. 우리가 기억을 떠올릴 때마다 항상 일어나는 현상이다. 그것은 현실과 환상 사이에서 기억이 만들어지는 과정이다. 길에 대한 나의 기억 또한 이런 식으로 만들어져왔다.

어느 이른 봄날, 나는 아버지를 찾아갔다. 못 찾아뵌 지 오래되었기 때문이다. 아버지는 집안 청소를 하다가 우연히 옛날 사진 몇 장을 발견했다고 말했다. 우리는 주방 식탁에 앉아 그 사진들을 보았다. 40년도 더 지난 사진들이었다. 비슷비슷한 장면들을 다양하게 포착한, 예컨대 나와 여동생들의 모습을 전원의 배경만 달리해서 찍은 사진이었다. 때로는 숲속을 걷기도 하고, 호숫가나 산길을 걷고 있기도 했다. 어머니가 함께 나오는 사진은 별로 없었고 아버지가 찍힌 사진은 하나도 없었다. 그것들을 찍은 사람이 바로 아버지였기 때문이다.

그 가운데 사진 두 장이 특별히 눈에 띄었다.

첫번째 사진에는 나와 두 여동생이 그 작은 오두막의 소파에 앉아 있다. 우리는 서로 몸을 밀착하고 카메라를 응시하고 있다. 우리 앞에 있는 커피 탁자 위에는 부활절 달걀 세 알과 우리의 유일한 반려동물이었던 잉꼬 야콥Jakob이 사는 새장이 있었다.

두번째 사진에서 우리는 오두막 뒤 작은 오솔길을 함께 손을 잡고 걸어가고 있다. 나는 아버지의 주방 식탁에 앉아 이 사진을 뚫어지게 바라보았다. 그러자 문득 그 길 주변의 풍경이 머릿속에 떠올랐다. 어릴 적 거기서 들었던 각종 소리들이 귀에 들렸다. 그 길 주변에서 풍겨났던 다양한 냄새들도 기억났다. 가슴 시리도록

"한 발씩 내디딜 때마다
내 고무장화가 부드러운 풀밭에
푹 빠지던 느낌까지
오롯이 되살아났다."

서늘하고 신선한 공기와 뺨을 스치는 빗방울, 발걸음을 옮길 때마다 길가 풀들이 바짓가랑이를 스치며 바스락거리던 소리, 한 발씩 내디딜 때마다 내 고무장화가 부드러운 풀밭에 푹 빠지던 느낌까지 오롯이 되살아났다.

두번째 사진은 뒤에서 찍었다. 우리가 산책을 마치고 오두막에 도착하기 직전의 나와 여동생들의 모습을 보여준다. 나는 두 여동생 사이에서 걷고 있다. 우리 셋은 모두 작은 배낭을 메고 있다. 나는 파란색을, 여동생들은 빨간색을 멨다. 우리는 모자를 쓰고 서로 손을 잡고 있다. 사진은 쌀쌀한 날 찍혔다. 비가 내려 흐린 날씨다. 나무들은 이파리와 열매가 모두 떨어져 앙상하게 서 있다. 풀들은 바닥에 쓰러지고 회색빛을 띠고 있다. 주변 풍경으로 보아 늦가을 아니면 초봄이었을 것이다.

아버지 집 식탁에 앉아 이렇게 오래된 사진을 들여다보는 동안, 내가 여태껏 내 인생의 모든 길을 우리 오두막 뒤로 난 그 작은 오솔길을 중심으로 평가해왔다는 사실을 처음으로 깨달았다. 그 길이 아직도 거기에 있는지, 아니면 무성한 잡초와 이끼로 완전히 덮이거나 주변 풍경 속에 묻혀버렸는지 확인하기 위해 그곳에 돌아가서 다시 걸어봐야겠다는 생각이 들었다. 아직 그 모습 그대로 있을까? 혹시 지난 40년의 세월 동안 너무 변해버려 이제 내 기억 속에서만 존재하게 되진 않았을까?

1부

인간은
늘
돌아다녔다

인간이 20만 년 전 아프리카 사바나지대에 있는 나무 위에서 기어내려와 처음으로 한 행동은 걷는 것이었다. 우리는 수렵채취 문화에 속했다. 그것은 우리가 사냥감을 따라 새로운 땅을 찾아 늘 이동했다는 것을 의미했다. 인간의 삶은 끊임없는 이동으로 이루어져 있었다. 당시에는 정착생활에 대한 개념조차 아직 형성되지 않았다.

인간은 늘 돌아다녔다. 우리는 가는 곳마다 훗날 뒤를 이어 올 사람들에게 길을 남겼다. 이것은 인간이 그 거대한 세속의 땅에 어떻게 길을 만들어왔는지를 보여준다.[3] 길은 수 세기에 걸쳐 동물과 인간의 끊임없는 이주가 초래한 가시적 결과다.

세상은 바뀌었다. 오래된 길은 사라지고 새로운 길이 만들어졌다. 그 길과 함께 새로운 이야기들도 생겨났다. 1만 1,000년 전, 마지막 빙하기가 끝났다. 북반구는 10만 년 넘도록 거대한 대륙이 만년설로 덮여 있었다. 얼음이 녹으면서 땅이 융기했다. 인간은 이 새로운 땅에 무엇이 있는지 알고 싶어 그곳을 탐색하고 싶은 마음을 억누를 수 없었고, 마침내 빙하의 북쪽 끝으로 발걸음을 옮겼다. 그들은 먹을 것이 필요했기 때문에 사냥할 동물을 뒤쫓아갈 수밖에 없기도 했지만, 호기심 많은 존재이기도 했다. 따라서 단순히 생명 유지를 위한 것뿐 아니라, 미지의 세계를 탐사하고 싶은 강렬한 욕망 때문에 그러한 이동이 유발되었다고 볼 수 있다.

그들은 인간이 농사를 짓고 가축을 기르기 전 수천 년 동안 지속된 문화 속에서 바야흐로 구석기시대가 저무는 시기를 살고 있었다.

이제 우리는 인간의 이동이 자연적 현상이며 인류 역사의 일부를 구성하는 오랜 생활양식이었다는 사실을 잊어버린 지 벌써 한참 지난 것처럼 보인다. 비록 오늘날은 유목민이 전체 인구의 극히 일부분을 차지할 뿐이지만, 그들은 여전히 존재한다. 노르웨이의 사미Sami인, 아프리카의 일부 문화권 종족, 유럽의 롬Rom인들은 그들이 늘 살아왔던 방식대로 지금도 이 도시에서 저 도시로, 이 지방에서 저 지방으로 떠돌며 산다. 그들은 여전히 부랑자로 취급받고 있다.

여러 지역을 이리저리 이동하는 행위는 비정상적인 것이 아니다. 오히려 한곳에 머무는 것이 이상한 현상이다. 그럼에도 오늘날 우리 문화는 이리저리 떠도는 생활방식을 거의 받아들이지 못하고 있다. 공문서를 작성할 때 보면, 대개 "주소지가 일정치 않음"이라는 체크 항목이 나온다. 그러나 이 항목에 체크 표시를 하는 사람은 누구나 아는 것처럼, 이 특정 칸에 표시를 하면 유익한 점이 하나도 없다. 어느 곳에 정착하지 않는 사람은 쉽게 사라질 수 있다. 그들은 한곳에 뿌리를 내릴 줄 모른다. 그래서 사람들은 그들을 신뢰할 수 없는 사람으로 생각한다.

노르웨이어로 "rastløs" 또는 영어로 "restless"*라는 단어는 쉴 줄 모르고, 중지하거나 멈출 줄 모르고, 정착하지 못하는 사람을 암시한다. 이 용어는 부정적 의미를 함축하고 있다. 의자에 가만히 앉아 있지 못하는 아이들은 문제가 있다고 핀잔을 듣는다. 조용히 앉아 있는 아이들은 칭찬을 받는다. 그 반대가 정상이 아니냐고 생각하는 사람은 이제 더이상 아무도 없는 것처럼 보인다.

난민 행렬은 정착민들 사이에서 격렬한 논쟁과 심각한 불화를 유발시키기 마련이고, 이 같은 상황은 문제를 더욱 악화시킬 때

*'가만히 있지 못하는' '불안한'이라는 뜻.

름이다. 인류가 지구의 온도를 낮추지 못한다면, 다양한 기상이변 현상들은 더 잦은 가뭄과 홍수, 해수면 상승, 흉작을 초래하여 더 거대한 인구 이동과 이주로 이어질 수밖에 없을 것이다. 수백만 명의 사람들이 현재 자기가 살고 있는 집을 버리고 떠나야만 할지도 모른다. 그렇게 하는 것이 아주 자연스러운 행동방침처럼 느껴질 것이다. 그들은 모두 집을 포기하고 떠돌아다닐 것이다. 이러한 이동이 그들이 살아남을 수 있는 유일한 기회이기 때문이다. 그리 머지않은 미래에 우리의 대륙과 국가, 도시 들은 인류 역사에서 그 어느 때보다 더 거대한 대규모 탈주와 이주를 경험하게 될지도 모른다.

석기시대의 인간은 낯선 환경에 잘 적응하고, 지형을 읽을 줄도 알고, 새로운 길을 찾는 데도 달인이었다. 그들이 새로운 길을 정할 때 중요한 것은 가장 가까운 거리나 가장 편리한 길이 아니라, 앞으로 나아가는 데 가장 저항을 적게 받을 수 있는 길이었다. 이러한 특성은 당시의 길들에 그대로 드러나며, 오늘날 길에도 그 특성은 여전히 남아 있다. 미지의 영토를 통과하면서 가장 저항이 적은 길을 따라가는 경로를 택하는 것은 직관적으로 생각할 때, 우리 모두의 내면에 깊게 자리잡고 있는 본능의 작용 때문이라고 볼 수 있다.

길은 사람들이 이리저리 이동하면서 땅에 발자국을 남겼기 때문에 만들어졌다. 누군가가 그 길을 지나가기 전에 각종 자연현상 때문에 최초의 발자취가 사라지는 일이 없도록 뒤이어 오는 다른 사람들이 옛날 발자국 위에 새로운 발자국들을 남겼다.

길은 스스로 생겨났다. 길은 숨막힐 듯 아름다운 풍경을 보여주기 위한 산책로나 전시 공간으로 설계된 경치 좋은 통로가 아니었다. 길은 사전에 계획된 것이 아니었다. 길이 만들어질 때, 예비보고서나 타당성조사도 없었고 길의 등급을 정하거나 포장하기 위한 사전심사도 없었다.

길은 결과이지 원인이 아니다. 길은 자연적으로 생겨나고 분해되며 자연환경에 순응하고 그것이 통과하는 바로 그 자연계의 일부다. 길은 일시적이다. 그것의 용도와 존재는 상호의존적이다. 길은 누군가가 그 길을 다니기 때문에 거기에 있다. 하지만 또 한편으로는 길이 거기에 있기 때문에 누군가가 그 길을 다닌다. 따라서 길이 그대로 남아 있으려면 누군가가 그 길을 걸어야 한다.

길은 전설과 신화, 민요, 동화와 비슷하다. 그것들은 모두 집단창작을 통해 생겨나기 때문에 어느 특정 작가를 원작자로 지명할 수 없다. 그것들은 몸과 영혼이 일체다. 물질적이면서 동시에 비물질적이다. 길은 단순한 통로 이상을 의미한다.

길은 일직선의 반대다. 길은 실제로 존재하는 것인 반면에, 일직선은 머릿속에서나 가능한 이론적 구성체다. 일직선은 구체적인 세계에서 존재하지 않는다. 심지어 물의 표면조차 일직선으로 평평하지 않다. 태양에서 발사되는 광선도 마찬가지다.

길은 가능한 한 최소한으로 자연에 끼어든다. 길은 자연계 영역의 일부로서 거기에 속하기 때문이다.

길은 언제나 작다. 우리가 그것을 길이라고 부르는 이유가 바로 거기에 있다. 만일 길이 확장되어 더 커지면, 그것은 더이상 길이 아닌 그 밖의 다른 어떤 것이 된다.

도보여행길

과학은 자연에 150만 종이 넘는 생명체가 존재한다고 말한다. 어쩌면 아직 발견되지 않은 생명체가 수천 만 종이 넘을지도 모른다. 하지만 새를 비롯해서 대부분의 척추동물은 지구에 사는 생명체로 공식적으로 확인되고 그 명세 또한 기록된 상태다. 이 가운데 하나는 이동하거나 이주할 때 특히 우리의 눈을 사로잡는다.

그것은 북극제비갈매기Arctic tern라는 작고 아름다운 새인데, 살아 있는 동안 그 어떤 다른 생명체보다 더 먼 거리를 이동한다. 보통의 갈매기와 비교할 때 몸뚱이가 작다. 붉은색 부리와 검은색 머리, 공기의 흐름을 잘 탈 수 있는 선명한 흰색 몸통을 가지고 있다. 북극제비갈매기를 처음 보는 사람이라면 누구나 그 새가 거의 힘들이지 않고 하늘을 날고 있는 모습 때문에 아주 먼 거리도 쉽게 날아갈 수 있음을 깨닫는 데 오랜 시간이 걸리지 않을 것이다. 북극제비갈매기는 여러 세대에 걸쳐 불었던 똑같은 기류를 타고 하늘길을 따라 지구의 최북단과 최남단을 오가며 해마다 40,000킬로미터를 이동한다.* 북극제비갈매기 안에 내재된 어떤 것이 본능적으로 이런 행동을 하게 만드는 것이며, 이러한 이동과 비행은 그들의 삶을 구성하는 가장 중요한 행동이다. 북극제비갈매기가 북극에서 남극으로 갔다 다시 되돌아오는 것은 단순히 약간의 흥취를 돋우기 위해 그러는 것이 아니다. 그렇게 하지 않으면 안 되는 이유가 있어서다.

야생순록과 양도 마찬가지다. 아무도 그들이 길을 만드는 방식대로 그렇게 길을 만들 수 없다. 그들은 길을 만드는 기술에 통달해 있다. 하지만 단순히 걷기 위해 길을 만드는 것은 아니다. 그들이 길을 만드는 것은 단지 그렇게 하지 않으면 안 되기 때문이다. 당신이 만일 순록이나 양이라면 당신도 그렇게 할 것이다.

장어는 멕시코 앞바다 사르가소해Sargasso Sea에서 유럽대륙까지 쉬지 않고 이동한다. 그런 다음, 해질녘 어둠을 틈타 축축한 풀밭을 통과해서 육지로 올라와 마침내 노르웨이 내륙의 작은 연못이나 호수에 도달한다. 장어는 그들만의 고유한 바닷속 길, 즉 갓

*그린란드 천연자원연구소 카스텐 에게방 박사 연구팀의 조사에 따르면, 연평균 70,900킬로미터를 이동하는 것으로 밝혀졌다.

태어난 작은 치어도 빠르게 돌아다닐 수 있고 다 자라면 목적지까지 쉽고 효율적으로 이동할 수 있게 도와주는 해류를 따라 움직인다. 장어가 이러한 위험한 여행을 감수하고 이동을 하는 것은 단순히 체력을 단련하기 위한 것도 아니고 새로운 수중 풍경을 탐색하기 위한 것도 아니다.

그냥 걷기 위해 걷는 생명체는 인간밖에 없다. 우리는 이런 목적을 위해 특별히 고안된 길과 산책로를 만들었다. 오늘날 도보여행길들은 자연풍경을 압도한다. 그것들은 수없이 많은 변형된 형태로 존재한다. 도보여행만을 목적으로 만들어진 코스가 있는 반면에, 길을 따라 걸으면서 도보여행 외에 다른 중요한 것을 배우기 위해 만들어진 코스도 있다. 문화유적길이나 야생동물 통행로, 역사탐방로 같은 것이 바로 그런 코스들이다. 어떤 도보여행길은 고대 성지순례와 교역로를 따라간다. 그 길들에는 표지판이 걸려 있는데, 종교적 목적이나 세속적인 야망에 불타올라 여행을 떠나는 사람들에게 잘 어울린다. 또한 장거리 코스는 자신의 체력과 정신력을 시험해보고 싶어하는 사람들을 위해 만들어졌다. 심지어 어떤 장거리 코스는 총 거리가 수천 킬로미터에 이르기도 해서 처음부터 끝까지 걷는 데 꼬박 몇 개월이 걸린다.

개인적으로 나는 해마다 평균 2,500킬로미터에서 3,000킬로미터 사이를 걷는다. 까마귀는 한번 날면, 오슬로에서 로마, 또는 조지아주의 애틀랜타에서 오리건주의 포틀랜드에 이르는 거리 정도를 난다. 하지만 내가 걷는 거리는 수백 개의 더 작은 여정으로 쪼개진다. 하루 동안 내가 걷는 거리는 20킬로미터에서 30킬로미터 사이를 넘지 않는다.

나도 장거리를 걷기는 하지만, 날마다 쉬지 않고 계속 걷을 수 있기를 바란다. 전에 전혀 가보지 않은 길을 따라 한 번도 본 적이 없는 미지의 장소를 향해 수천 킬로미터를 날마다 아무것도 뒤돌아보지 않고 그냥 천천히 걷는 그런 장거리 코스를 좋아한다. 언젠가 나는 문득 그런 여행을 떠날지도 모른다. 물론 그러지 못할 수도 있다. 당분간 나는 몇 주나 몇 달에 걸쳐 도보로 장거리 코스를 걸었던 사람들과 만나 이야기를 나누는 것으로 자족한다. 그들은 모두 자신이 걸었던 경험에 대해서 똑같은 말을 하는데, 전에 전혀 경험해보지 못한 내면의 상태에 들어가게 되며, 그 상태에 한번 빠지면 거기서 나오고 싶은 마음이 사라진다고 한다. 길과 맺은 인연은 매우 강렬하고 감정적이다. 따라서 그러한 도보여행길만큼 인간에게 충만하고 가치 있는 삶을 제공하는 곳은 없기 때문에 마침내 걷는 것 말고 다른 어떤 것을 하는 것은 상상하기 어렵다는 결론에 이르게 된다.

내 친구 비베케 퀴슈트 헤우겐과 앙네테 브룬은 오늘날 여행자를 위한 도보여행길로 개조된 오래된 기독교도 순례길인 스페인의 카미노 데 산티아고Camino de Santiago*를 걸었다. 그들은 피레네산맥 프랑스 지역인 생장피에드포르Saint-Jean-Pied-de-Port에서 출발했다. 거기서부터 스페인의 유명한 산티아고 데 콤포스텔라Santiago de Compostela 대성당까지 800킬로미터 가까운 길을 따라 걷기 시작했다. 그 여행은 두 사람에게 완전히 새로운 경험이었다. 그 두 여성은 모두 전에 그렇게 먼 거리를 걸어본 적이 없었다. 어쩌면 그들이 시간당 평균 6.5킬로미터의 속도로 걷기로 결정한 것은 그런 이유 때문인지도 모른다. 시간당 6.5킬로미터의 속도로 걷는 것은 매우 빨리 걷는 것이다. 만일 800킬로미터 가까운 거리를 이동할 계획이라면, 비교적 체형 관리를 잘하고 강한 인내력을 길러야 한다. 두 친구는 일주일에 6일을 계속 걷다가 하루를 쉬는 방식으로 5주 동안 그 길을 걸을 생각이었다.

산티아고 데 콤포스텔라는 스페인 북서부에 있는 소도시다. 그곳에 있는 대성당은 예수의 열두 제자 중 한 명인 야고보의 것으로 추정되는 무덤이 서기 813년에 발견되었기 때문에 유럽 가톨릭신자들의 순례지로 유명해졌다. 야고보는 서기 44년에 처형된 뒤, 시신이 콤포스텔라로 옮겨졌다고 전해진다. 그의 유해는 매장되었고 그 무덤 위에 교회가 세워졌다. 서기 1000년, 오늘날

*산티아고 길이라는 뜻.

C°SANTIAGO

그곳에 서 있는 인상적인 대성당이 옛날 교회를 대체했고 그때부터 그곳은 그 길을 따라 걷는 순례자들의 최종 목적지가 되었다.

두 친구는 그 길을 걷기 시작했을 때, 길을 따라 걷는 삶이 자신들이 예상했던 것과 다르다는 것을 깨닫기 시작했다. 그것은 더 크고 강력했다. 그들은 자신이 공동체의 일원이며 단순히 지리적으로 한 지점 이상을 가리키는 목적지를 향해 길을 걷고 있음을 이해하기 시작했다. 그들의 도보여행은 단순히 물리적인 길을 따라 걷는 것이 아니라, 내면의 여정까지 포함하는 더 광범위한 의미를 담고 있었다.

산티아고 데 콤포스텔라에 가까워지면서, 그들 가운데 한 명은 이렇게 일기를 썼다.

> 우리가 걷는 순례길이 하나의 생명체, 즉 수백 년 동안 끊임없이 이동해온—그리고 앞으로도 영원히 끊임없이 이동할—하나의 유기체 무리로 보이기 시작했다. 우리는 지난 4주 동안 카미노를 따라 삶을 살아왔다. 그것은 우리의 해야 할 일이었다. 이제 조만간 그 일은 끝날 것이다. 앞으로 다른 이들이 우리가 떠나는 곳을 차지할 것이다. 그리고 그 유기체는 우리 없이도 계속해서 살아나갈 것이다.[4]

또다른 친구는 이렇게 썼다.

어떤 존재가 나와 하나가 되어 있다는 강한 느낌을 받았다. 나는 아무 문제 없이 먼길을 걸을 수 있고 아침에 일어나 지구 끝까지 걸을 수 있다는 것을 알았다. 우리는 그저 걸었다. 그 밖에 어떤 것도 요구하지 않았다. 이것은 강력한 해방감이자 동시에 안도감이었다.

두 친구는 멀고도 긴 공간과 시간을 걸으면서 그것이 자기 자신을 발견하는 가장 확실한 방법이라는 사실을 깨닫게 되었다. 당신은 날마다 똑같은 행동을 반복한다. 끊임없이 길을 걷고 걷는다. 당신은 신체 각 부위를 통과하는 정맥을 통해 혈맥의 박동을 느낀다. 당신의 몸은 자기 고유의 신체 리듬에 맞춰 조율된다. 당신은 당신 자신과 주변의 모든 것과 하나가 된다.

우리는 해가 모습을 드러내기 시작하는 동이 틀 무렵 엘 부르고 라네로El Burgo Ranero를 떠났다. 내가 여기 있다는 것 말고는 더이상 어떤 것도 바라지 않는다. 내 두 다리, 태양, 대기, 내 배낭, 새와 꽃들, 길, 그리고 목적지.

5월 26일, 그들의 여정은 끝이 났다. 그날은 일요일이었다. 그들은 산티아고 데 콤포스텔라 대성당으로 이어진 오래된 돌계단을 오르는 마지막 발걸음을 옮겼다. 그 계단은 그들보다 앞서 거기를 밟았던 모든 발걸음으로 굴곡지고 닳아 있었다.

카미노는 슬픔과 기쁨, 그리고 용서로 가득한 길이다. 우리는 지금도 여전히 그 길이 필요하다. 우리 이전의 모든 이들이 그랬던 것처럼, 지금도 우리는 끊임없이 자기 자신과 싸우고 있다. "슬픔"과 "용서", 이 두 단어는 이제 내게 길을 따라 걷는 삶과 동의어가 되었다. 성지순례는 유대감이다. 청년들은 노인들의 발자국을 따라 걷는다. 그 길을 처음 걸었던 사람들이 그랬던 것처럼 오늘날 우리에게도 역시 그 길은 필요하다.

어떤 의미에서 야생동물 통행로, 역사탐방로, 문화유적길은 자연적으로 만들어진 길과 정반대 쪽에 있다. 대개 도보여행길은 오래된 옛길의 경로를 따르지만, 다른 한편으로 보면 인간의 의도에 따라 계획되고 설계되고 개조된 길이다. 도보여행길의 배후에는 의도된 생각이 숨어 있다. 그것은 집단의 이동에 따른 자연스러운 결과가 아닌, 한 개인 또는 다수의 결정에 의한 의도적 행동의 결과다. 도보여행길은 어디나 비슷한 형태를 띠며, 모든 사람이 잘 알기 때문에 누구나 쉽게 접근할 수 있다. 또한 도보여행을 떠나기 전에 미리 코스의 난이도나 이정표, 거리, 처음부터 끝까지 걷는 데 걸리는 예상 시간 같은 여행에 필요한 정보를 쉽게 얻을 수 있다.

내가 사는 노르웨이에서 최초의 도보여행길은 1874년에 만들어졌는데, 길을 따라 바위나 나무에 대문자로 'T'자가 써진 푯말이나 표지판을 달아놓았다. 그 길은 쇼달렌Sjodaen 계곡에서 베세겐Besseggen 산등성이까지 노르웨이 중부를 가로지르는 경로로 만들어졌다. 노르웨이트레킹협회Norwegian Trekking Association는 7년 전에 설립되었는데, 이 역사적 순간은 노르웨이의 **프릴루프츨리브** 철학이 본격적으로 전개되기 시작했음을 보여주었다. "신선한 공기를 마시는 생활" 또는 "야외생활"로 번역되는, 육체적, 정신적 건강을 위해 야외에서 시간을 보내는 이러한 접근방식은 오늘날 사람들에게 두말할 나위 없이 꼭 필요한 것이다. 이러한 생각은 노르웨이 바깥에서도 어느 정도 주목을 받기까지 해서, 건강과 행복을 대하는 스칸디나비아식 접근방식에 대한 책들이 세계적인 베스트셀러가 되었다. 그러나 1800년대 후반까지만 해도 노르웨이에서 프릴루프츨리브는 정신없이 바쁜 도시 생활에서 잠시 벗어나 신선한 공기와 훼손되지 않은 자연을 누리고 싶었던 부르주아 계층들에게만 인기 있었다. 먹고살기 위해 당장 해야 할 일에 급급했던 하층민들에게는 노동이 삶의 전부였다. 대자연에서 자유 시간을 누리는 것은 감히 꿈도 못 꿀 일이었다.[5]

1874년부터 노르웨이트레킹협회는 전 세계에서 도보여행을 즐기기 위해 방문하는 여행객들을 위한 길들을 새로 개척하고 관리했다. 오늘날 이 협회는 전국에 널리 알려진 여름철 도보여행길만 22,000킬로미터를 넘는 구간들을 관리하고 있다.[6] 그 거리는 지구 둘레의 절반에 가깝다.

아버지 집에서 그만 일어나려 할 때, 나는 아버지에게 오두막 뒤 오솔길에서 찍은 나와 여동생들의 사진을 잠시 가져가도 되는지 물었다. 나는 사진이 구겨지지 않게 책 속에 끼워서 오슬로로 가지고 왔다. 가끔씩 그 사진을 꺼내 보았다. 그때마다 나는 옛날로 돌아가서 오두막 뒷길을 가족과 함께 걸었을 때 느꼈던 그 감정을 다시 느낄 수 있었다.

봄 날씨는 점점 더 따뜻해지고 풍경은 더욱더 짙푸른 색으로 바뀌었다. 겨울에 대한 기억은 벌써 저멀리 가버렸다. 바야흐로 때는 여름휴가철이었다. 나와 동거녀는 우리 아이들을 데리고 휴가철이면 늘 가는 오슬로 정남쪽 프레드릭스타Fredrikstad시 건너편 섬인 크로케뢰이Kråkerøy에 있는 우리의 휴양지로 갔다. 우리는 가족이 함께 바닷가 휴양지에 가면 늘 하는 것을 되풀이했다. 헤엄도 치고, 바비큐도 굽고, 손님 접대도 하고, 다른 사람들을 방문하기도 하고, 와인도 마시고, 아이스크림도 먹고, 잠깐 산책도 나갔다. 몇 주 동안 한가롭게 여가시간을 가진 뒤, 나는 좀 멀리 산보를 나가기로 했다. 차를 몰고 나갈 수 없었기 때문에 가장 가까운 도보산책로를 골라야 했다. 다행히도 마침 우리 오두막 바로 앞에 우리가 찾던 길이 있었다.

그 길은 해안산책로다. 크로케뢰이섬을 완전히 한 바퀴 도는 길이다. 총 거리는 30킬로미터쯤 되는데, 나무에 금속 표지판을 부착하거나 돌에 파란색 페인트로 길의 방향을 표시해놓았다. 표지판만 잘 따라간다면 이 해안산책로에서 길을 잃는 일은 없을 것이다.

정말 신기하게도 나는 전에 이 길을 한 번도 걸어본 적이 없었다. 그래서 나머지 가족들이 아침을 먹고 해변에서 긴 하루를 보낼 준비를 하느라 분주할 때, 나는 간단하게 배낭을 꾸려 반바지를 입고 운동화를 신고 길을 나섰다.

크로케뢰이는 면적이 19.5제곱킬로미터에 이른다. 이 해안산책로는 섬을 한 바퀴 빙 돌기 때문에 시작과 끝이 없고 어디서든 들어섰다 빠져나갈 수 있는 길이다. 산책로를 끝까지 다 걷고자 한다면 출발지점으로 다시 돌아올 때까지 계속해서 걸으면 된다.

나는 길을 가다 쉬기도 하고 사진도 찍으며 해안가 오두막들과 바다 경치, 새들과 벌판의 모습 같은 주변 풍경을 관찰하기도 하면서 한가로이 걸었다. 크로케뢰이 남쪽 끝에는 위트레 발레르 Ytre Hvaler국립해상공원을 구성하는 섬들로 이어지는 진회색의 금속제 현수교가 하나 있다. 빨래집게 모양의 콘크리트 탑 두 개가 팔들을 뻗은 것처럼 검은색 케이블들로 연결되어 있는, 멀리서 어렴풋하게 보였던 그 다리를 지나자, 내 휴대폰의 GPS가 벌써 산책로의 절반에 도달했음을 알려주었다. 나는 잠시 쉬면서 점심을 먹었다. 밥을 먹으면서 휴대폰 카메라에 찍힌 사진들을 휙휙 넘기며 봤다. 사진마다 해당 "해안산책로"의 다채로운 모습이 담겨 있었다. 그 사진들은 모두 매우 다양한 자연서식지와 문화 경관들을 기록했다. 매끄러운 바위 돌출부, 확 트인 소나무숲, 소형보트 선착장, 습지와 조류 보호구역, 빽빽한 낙엽수 군락, 개발의 손이 미치지 않은 벌판과 누런 들판, 빨간색 지붕의 외양간과 흰색 농가들이 어우러진 농장들이 사진 속에 펼쳐져 있었다.

나는 식사를 끝내고 산책을 이어갔다. 섬의 최남단에 도달했을 때, 나는 길의 방향이 곧 바뀔 것이라고 생각했다. 잠시 길이 일직선으로 죽 가다가 북동쪽으로 방향을 홱 트는가 하더니 시원한 여름 바람에 불안스레 흔들거리는 거목들이 늘어선 어두운 침엽수림 속으로 이어졌다.

발바닥이 푹신한 운동화와 마른 땅바닥 덕분에 걷기가 편했다. 배낭 안에는 짐이 거의 없어서 특별히 해안산책로를 비롯해서 전체 도보 코스를 걷는 발걸음은 한층 더 가벼웠다. 자연적으로 생겨난 오솔길이 두 지점 사이를 연결하는 가장 편리한 길이라면, 도보여행길은 가장 아름다운 길이라 할 수 있다. 그 길을 만든 목적이 실용적이 아니라 심미적이기 때문이다. 그런 보행로는 장대하고 아름다운 자연지역을 통과하도록 계획적으로 코스가 짜여 있어, 멋진 경관을 볼 수 있는 좋은 위치들을 제공한다. 섬이 원이라면, 해안산책로는 원둘레인 셈이다. 에너지 절약 차원에서 보면 그런 길은 비합리적이다. 출발한 곳으로 되돌아오는 길이기 때문이다. 500년 전, 제대로 정신이 박힌 사람이라면 이런 길을 따라가는 것은 생각도 하지 않았을 것이다. 기분전환을 위한 것이 아니라면 무엇 때문에 그런 짓을 하겠는가? 500년 전에 기분전환 삼아 걷기 위해 크로케뢰이에 온 사람은 아무도 없었다. 만일 그때 그들이 섬의 한편에서 건너편으로 가고자 했다면, 원의 둘레가 아니라 지름을 따라 걸었을 것이다.

아네트 비쇼프Annette Bischoff는 자신의 박사학위 논문에서 오늘날 도보여행길을 걷는 사람들에게 그 길이 무엇을 의미하고 그런 길을 만들기 위해 필요한 요소들이 무엇인지에 대해서 썼다. 그녀는 누구나 걸을 수 있고, 거기서 즐거움을 얻고, 도로 표지판을 이해하고, 최종 목적지까지 가는 길을 찾을 수 있는 그런 도보여행길이 반드시 갖춰야 할 “일반적 설계 요구사항”에 대해서 검토하고 분석했다.

오늘날 도보여행길은 대개 사람들이 잘 알아볼 수 있도록 명확하게 표시되어 있다. 전 세계 어디든 마찬가지다. 최신 도보여행길 표지판에는 공식적인 야영지, 불 피울 수 있는 곳, 낚시터, 수영 가능 지역 따위가 표시된다. 때로는 지역의 야생동물이나 문화에 대한 추가 정보, 또는 걷는 도중에 밤을 지새워야 할 경우 필요한 세부 내용들을 도보여행자들에게 알려주는 표지판도 있다. 도보여행길은 현대사회가 추구하는 효율성의 실태를 잘 반영한다. 식료품 가게는 가능한 한 가까운 거리에 있어야 하고, 겨울에 눈 내린 도로는 제설기로 치우고 보도에는 제설용 소금을 뿌리고, 계단 대신 승강기를 이용하는 것이 오늘날 우리의 모습이다. 더 짧은 줄서기, 더 빠른 차, 더 안전한 거리는 더 풍요로운 생활을 꿈꾸는 우리의 집단적 희망을 실현하는 데 중심 역할을 한다.

"도보여행길을 만들 때 무엇보다 중요한 전제조건들이 있는데, 그것은 사람들이 자연을 경험하고 이해하는 방식에 대한 것이다"라고 아네트 비쇼프는 말한다.[7] 매우 상세하게 설명된 도보여행길은 또한 여행자에게 안전하다는 느낌을 준다고 말할 수도 있을 것이다. 길이 있다는 것은 그 자체가 종착지가 있음을 보여주는 확실한 증거였지만, 공식적인 표지판의 등장은 사람들이 그 종착지에 확실히 도달하는 방법을 완전히 바꿔버렸다. 자연스럽게 생겨난 원시의 오솔길과 샛길에서는 그것이 길이라는 확실성이 이전에 그 길을 걸었던 사람들의 역사—뚜렷하게 남겨진 발자국들—를 통해 드러났다. 하지만 오늘날의 도보여행길에서는 그러한 안도감이 길을 따라 규칙적으로 등장하는 푯말과 이정표로 표시된다. 그것들은 대개 지방정부나 국가공무원들이 설치해놓은 것들이다.

노르웨이야생생물보호국Norwegian Directorate for Wildlife Management은 도보여행길을 '도보여행객들을 위해 초목을 거둬내고 길을 안내하는 표지판을 설치해놓은 길'이라고 정의한다. 아네트 비쇼프는 자신의 논문에서 이렇게 말한다. "이런 표지판이 있는 길을 통해 동시에 우리는 도보여행객들에게 이 길이 안전하다—이 표지판을 따라가면 당신은 안전하며, 목적지에 도달할 것이다—는 메시지를 보내고 있다. 다시 말해서, 이 표지판이 있는 길을 따라가지 않는다면, 이곳을 통과하는 길을 발견하지 못할 거라는 경고를 던지고 있는 것이다."

대부분의 도보여행길처럼, 크로케뢰이 해안산책로 또한 자원활동가들에 의해 조성되었고 관리되고 있었다. 노르웨이트레킹협회와 산하 지부의 모든 회원들은 북아메리카대륙의 많은 트레킹협회들과 마찬가지로 가능한 한 많은 여행객들이 그 코스를 이용할 수 있도록 하기 위해 해마다 수많은 시간을 투여한다. 그들은 표지판을 세우고 안내문을 게시하며 산책로를 개선하고 유지 보수한다. 그런 뼈빠지는 사랑의 노동에 참여하는 노르웨이 사람들은 "상부상조", "협력", "선의"를 의미하는 고대 노르드어 **두그나르드**dugnaðr에서 파생된 **두그나드**dugnad 철학의 영향을 받았을 가능성이 크다. 영어에서 그에 상응하는 말을 찾는다면 "지역사회 봉사활동community service"을 들 수 있을 것이다. 두그나드를 현대적 의미로 해석하면, 모두가 협력해서 조금씩 기여를 하면 개인이 혼자 할 수 있는 것보다 더 많은 것을 성취할 것이라는 뜻이다. 모든 시민이 사유지 경계선에 구애받지 않고 자연보호구역을 자유롭게 여행할 수 있는 노르웨이의 법적 권리인 "자연생태계 접근권allemannsretten"과 더불어, 두그나드는 노르웨이에 있는 도보여행길의 존재를 보장하는 핵심 가치이다. 이러한 지역사회 참여활동이나 자연생태계를 자유롭게 떠돌 수 있는 자유라는 사회철학이 없었다면, 크로케뢰이의 해안산책로 같은 길은 존재하지 못했을 것이다.

내가 현재 서 있는 산책로와 장거리 도보여행길은 한 가지 중요한 차이가 있다. 장거리 도보여행길은 정말 **매우** 길다는 점이다. 미국의 애팔래치안 트레일Appalachian Trail, 프랑스의 장거리 트레일Les sentiers de grande randonnée(the GRS), 오스트레일리아의 헤이센 트레일Heysen Trail, 이탈리아의 센티에로 이탈리아Sentiero Italia, 네팔의 그레이트 히말라야 트레일Great Himalaya Trail, 일본의 홋카이도 자연 트레일Hokkaido Nature Trail이 그런 장거리 코스다. 이 도보여행길들은 모두 총 거리가 1,000킬로미터가 넘는다. 전 세계에 이런 장거리 도보여행길은 훨씬 더 많이 있다.

아네트 로샤Anette L'Orsa는 미국에 있는 퍼시픽 크레스트 트레일Pacific Crest Trail(PCT)을 걸었다. 그것도 단독으로 말이다. PCT는 세계에서 가장 널리 알려진 장거리 도보여행길 가운데 하나로 도보여행자들 사이에서 회자되는 길이다. 그 코스는 남쪽으로 멕시코 국경에서 북쪽으로 캐나다 국경까지, 미대륙 서부 전체를 남북으로 길게 잇는다. 끝없이 펼쳐지는 삼림지역을 통과하고, 고산 초원지대를 넘고, 화산암과 산불로 심하게 훼손된 방대한 자연환경을 가로지르고, 수많은 폭포와 강, 호수를 따라 걸으며, 허리 높이까지 눈이 쌓인 산간지대를 지나고, 다음의 수원지에 도달할 때까지 30킬로미터를 식수를 들고 가야 하는 황폐한 평야지대를 가로질러 총 4,200킬로미터를 구불구불 헤쳐가는 길이다. 그 코스를 따라 전역에서 거대한 산들이 불쑥불쑥 나타난다. 아네트 로샤는 날마다 10시간씩 걷고 밤에는 텐트에서 자기 위해 안으로 기어들어갔다. 날마다 새벽 5시에 기상해서 아침을 먹고 장비들을 다시 싸서 걷기 시작했다. 그녀는 이런 과정을 반복하며 1,600킬로미터를 53일 동안 하루에 30킬로미터씩 걸었다. 내가 그녀와 이야기를 나누고 싶었던 것은 바로 이 때문이다.

그녀가 내게 한 이야기는 산티아고 데 콤포스텔라까지 성지순례를 다녀온 두 친구가 설명했던 말과 같았다. 그들이 다녀온 지역은 서로 완전히 달랐지만—내 두 친구는 프랑스와 스페인의 문화적 풍광을 걸어서 횡단했고, 아네트는 미국 서부 변경의 황량한 야생지대를 관통했다—그들이 걸으며 경험한 것과 길과 맺은 관계는 놀라울 정도로 유사했다. 아네트는 이렇게 말했다.

나 자신이 모든 것의 바깥에 있음을 발견했어요. 나와 풍경 외에는 아무것도 없었어요. 나는 걷고 또 걸었어요. 나는 끊임없는 흐름 속에 있었어요. 마치 하루에 몇 시간씩 명상을 하고 있는 것 같았죠. 처음 4주 동안은 발바닥이 부르트고 물집이 생겨 매우 쓰리고 아팠지만, 이내 상태가 좋아졌어요. 나는 생각했지요. 걷고 또 걸어라. 이게 바로 인생이라고.

길은 모든 것을 의미했어요. 내가 온종일 바라보는 게 바로 그것이었죠. 어느 날, 그것은 눈으로 덮여 있었고, 또 어느 날은 사람이 지나다닌 흔적이 전혀 없을 때도 있었어요. 또다른 날에는 온종일 돌길만 걷기도 했죠. 그러면 발바닥은 엉망이 되고 말아요. 그런 길은 정말 싫었어요. 나는 속으로 '이런 빌어먹을 길! 더이상 걸을 수 없어!'라고 생각했죠. 그러나 그러고 나면 또 며칠 동안은 넓고 평평하고 돌이 전혀 없는 길이 이어졌어요. 그러면 도보여행을 하는 사람들끼리는 서로 이렇게 말하곤 해요. "오늘은 길이 참 다정하네요."[8]

장거리 도보여행길도 누군가가 만든 것이다. 그리고 그 길이 지금도 유지되고 있는 것은 오로지 누군가가 그 길을 보살피고 있기 때문인데, 전 세계의 자원활동가 집단들이 그 길들을 관리하는 데 엄청난 시간과 에너지를 투여하고 있다. 보통 "트레일 크루trail crew"*라고 불리는 그들은 이러한 장거리 코스의 다양한 지점과 부문에서 무상으로 자원활동을 한다.

유럽에서 12개의 장거리 도보여행길을 네트워크로 연결한 것은 도보여행자가 유럽대륙을 걸어서 횡단할 수 있게 하기 위해 개발되었다. “이패스E-Paths”라고 하는 길 안내 표지판이 있는 이 길들은 하나의 장거리 도보여행길에서 다른 장거리 코스로 계속해서 이어 걸을 수 있게 함으로써 상당히 먼 거리를 연속해서 걷는 것을 가능하게 한다.

이 같은 도보여행길들은 세계 곳곳에 다 있다. 거기서는 온갖 형태의 지형들이 서로 교차하고 길마다 구간 거리와 난이도도 가지각색이다. 일본의 시코쿠 오헨로 사찰순례길Shikoku O-Henro trail, 페루의 마추픽추까지 가는 잉카 트레일Inca trail, 태즈메이니아Tasmania섬의 오버랜드 트랙Overland Track, 스위스, 프랑스, 이탈리아에 걸친 투르 뒤 몽블랑Tour du Mont Blanc, 칠레 파타고니아의 더블유 트렉W Trek, 킬리만자로 정상의 롱가이 루트Rongai Route, 오스트레일리아의 그레이트 오션 워크Great Ocean Walk, 코르시카섬의 GR20 등이 그런 길이다.

스페인의 안달루시아에 있는 “왕의 오솔길El Caminito del Rey”은 세상에서 가장 위험한 길 가운데 하나로 여겨진다. 그 길은 깎아지른 듯한 절벽의 중간 공중에 매달린 발판을 따라 이어진다. 오랜 세월 보수가 안 되어 상태가 악화된 그 길을 가다 떨어져 죽는

* ‘산책로 승무원’이라는 뜻으로 도보여행객들을 돕는 도우미 역할을 하는 사람들.

사람들이 늘어나고 심각한 상해를 입는 사람 수는 훨씬 더 많아지자 스페인 당국은 길을 폐쇄했다. 그러다 얼마 전, 그 길을 다시 복원했고 지금은 뱃심 두둑한 도보여행자들에게 개방된 상태이다. 그 길을 걷는 여행자들에게 그들이 허공에 떠 있다는 느낌을 높여주기 위해 발판 바닥 일부에 유리판을 깔았다. 왕의 오솔길은 현대화된 도보여행길의 선구자적 면모를 갖추었다는 점에서 오늘날 타의 추종을 불허한다.

세계에서 가장 위험하고, 가장 오래되고, 가장 아름답다고 내세우는 것은 심지어 장거리 도보여행길의 세계에서도 매우 중요하다. 최근까지 미국에 있는 애팔래치안 트레일이 총 거리 3,500킬로미터로 세계에서 가장 긴 코스로 알려져 있었다. 그러나 2016년까지 트랜스 캐나다 트레일Trans Canada Trail로 알려졌던 캐나다의 그레이트 트레일Great Trail이 그 기록을 깼다. 그것은 아마도 수십 년에 걸친 자원활동가들의 믿기 어려울 정도의 헌신적인 노력 덕분에 가능했다고 봐야 할 것이다. 새로 개방된 이 장거리 도보여행길은 서부 해안에서 동부 해안까지 24,000킬로미터가 넘는 거리로 캐나다대륙을 횡단한다.

도보여행길은 사람들이 자신들을 위해 만든 것이다. 이러한 길을 만드는 사람들 가운데 가장 선두에 서 있는 사람은 셰르파들이다. 그들은 히말라야에 사는 산악인들로 수천 미터 높이까지

돌을 날라 계단을 놓아 도보여행자들이 더욱 안전하고 쉽게 목적지에 도달할 수 있게 한다.

물론, 그런 길을 새로 만드는 것은 더 많은 사람들에게 자연의 속살을 개방함으로써 자연환경이 점점 더 훼손되는 것을 방기하는 단점도 있다. 극적인 장관을 보여주는 노르웨이의 베세겐 산등성이 길의 현재 상황이 바로 그렇다. 요툰헤이멘국립공원Jotunheimen National Park에 있는 이 인기 많은 좁은 산등성이 길은 양쪽

옆으로 수백 미터 높이의 낭떠러지가 이어지고 그 아래로 고산지대의 강이나 호수가 있다. 베세겐은 자연의 경이 그 자체다. 해마다 여름이면 15,000명이 넘는 도보여행자들이 이 산등성이를 넘는다. 그 결과, 길의 폭이 더 넓어지고, 땅바닥이 더 깊이 패고, 윤곽이 더 선명해졌다. 그 구간은 사람들의 통행이 잦아지면서 앞으로 수 세기 동안 후세 사람들도 누려야 할 자연생태계에 거대한 발자국을 남겼다. 따라서 언젠가는 환경보호를 위해 그 길이 폐

쇄될지도 모른다. 그런 사례는 전 세계에 셀 수 없을 정도로 많다. 비록 도보여행을 위해 친환경적으로 조성된 길이라고 하더라도 너무 많은 사람들이 그곳을 찾으면, 자연환경을 침범하고 훼손할 수 있음을 명심해야 할 것이다.

유네스코가 세계문화유산으로 지정한 이탈리아의 5개 해안 마을을 연결한 지역 친퀘테레Cinque Terre를 통과하는 길은 산사태 발생 위험 때문에 불과 몇 년 전에 폐쇄되었다. 너무 많은 도보여행자들이 그 길에 몰리면서 늘어나는 인파를 견뎌낼 수 없었기 때문이다. 그 길의 일부 구간들은 지금도 여전히 폐쇄된 상태로 현재 복구와 개선 작업이 진행중이다.

몇 년 전, 나는 그 길 가운데 센티에로 아추로Sentiero Azzurro*라고 불리는 해안길 구간을 걸었다. 리구리아해Ligurian Sea를 굽어보며 올리브 과수원과 포도밭, 감귤나무들이 만들어내는 아름다운 절경을 따라가다보면 깎아지른 듯한 절벽 길이 불쑥 나타난다. 그 길은 몬테로소Monterosso 마을에서 북쪽으로 베르나차Vernazza, 코르닐리아Corniglia를 경유해서 마침내 마나롤라Manarola에서 리오마조레Riomaggiore까지 이어진다. 내가 친퀘테레 지역을 걸었을 당시, 그 길은 아직 일반 관광객들에게 알려지지 않은 상태였다. 그

* '푸른 오솔길'이라는 뜻.

길을 걷는 사람들은 거의 없었고, 우리가 여행중 만난 사람들은 이웃 마을 가운데 한 곳으로 볼일을 보러 가는 그곳 주민들뿐이었다. 하지만 지금은 지방 당국의 추산에 따르면, 한 해 그곳을 찾는 여행자 수가 150만 명에 이른다고 한다.

그날 크로케뢰이섬 해안길을 따라 걷는 일정은 단순했다. 혼자 길을 걸었지만 아무도—심지어 내 동거녀나 아이들조차—보고 싶은 생각이 나지 않았다. 그들은 헤엄을 치고 아이스크림을 먹고 낚시를 즐기며 쉬고 있었고, 나는 도보여행을 하며 쉬고 있었을 뿐이다.

그 여름날은 보통 때와 다를 바 없었다. 주변 풍경이 온통 빛으로 환하게 물들어 있어 길을 걸으며 우울한 생각을 할 여지가 전혀 없었다. 햇살이 온 세상을 비추었다. 몇 시간이 흘렀다. 발걸음을 내디딜 때마다 들뜬 기분이었다. 무거운 등산화와 배낭도 없었다. 마치 사무실에 출근할 때처럼 일상생활을 하듯이 가벼운 옷차림에 먹을 것과 물병, 껴입을 여벌 옷 한 벌을 넣은 작은 가방 하나만 들고 나섰다.

귀리밭을 지났다. 아직 초록빛이었다. 부드러운 오후 햇살이 비치는 가운데 제비가 벌레를 잡아 물었다. 잎이 무성한 나무에서는 되새와 울새들이 재잘댔다. 내가 어디에 있는지 알기 위해 지도를 펼쳤다. 표지판을 따라왔기 때문에 몇 시간 동안 지도를 확인하지 않았다. 그럴 필요가 없어서였다. 내가 가지고 있는 지도는 '문화역사 도보여행 지도'였다. 그 지도는 걷는 구간을 확인하기 쉽게 표시했을 뿐 아니라, 작지만 여행자들이 관심을 가질 만한 중요한 지점들, 즉 그곳의 자연풍광과 문화, 역사와 관련이 있는 곳들도 세심하게 표시해놓았다. 지도에는 빙하에 난 구멍들과 태곳적 나무들이 어디에 있는지 표시되어 있었다. 노르웨이 예술가 에드바르 뭉크Edvard Munch의 할아버지가 자란 비엘스타 농장Bjølstad gård, 해발 54미터에 있는 청동기시대 봉분인 오스고르바르덴Åsgårdvarden 고분, 1788년에 축조된 후트 요새Huth fort, 3대의 대포가 있는 1807년에 축조된 파스팅스 성채Fastings skanse 등도 지도에 나와 있었다.

길은 드문드문 포근한 햇살이 듬뿍 내리비추는 소나무숲으로 이어졌다. 몸이 풍선처럼 가벼웠다. 모든 근심걱정이 씻은 듯 사라졌다. 나는 부드럽게 발걸음을 옮기며 그 섬에 서식하는 노루들이 거니는 모습에서 시선을 떼지 않았다. 그때 어디선가 잔디 깎는 기계의 윙윙거리는 소리가 들려왔다. 휴가를 즐기며 정원을 어슬렁거리는 사람들이 있는 주거지역에 내가 들어와 있음을 금방 알아챘다. 해안산책로들은 대개 이런 식으로 이루어져 있다. 문명과 자연의 공간을 들락날락하는 행로다. 어디선가 우연히 사슴과 마주쳤다가 어느 틈에 사람과 오두막, 편의점, 소, 트랙터, 잔디 깎는 기계, 자동차가 갑자기 나타나기도 한다. 따라서 해안산책로를 걸을 때는 어떤 상황에도 당황하지 않을 마음의 준비를 하고 있는 것이 좋다.

섬과 본토가 연결된 부분에 가까워지면서 주택단지는 더욱더 촘촘해졌다. 이 지점부터는 아스팔트밖에 없을 거라고 생각했지만, 길게 쭉쭉 뻗은 키 큰 나무들의 잎사귀가 바람에 살랑이며 초록의 차양을 만들고, 낮게 스며들던 떨리는 저녁 햇살의 파편들을 어두컴컴한 숲의 바닥에 떨구는 자그마한 숲이 모습을 드러내는가 싶더니 갑자기 길을 삼켜버렸다. 나는 그 나무들 뒤로 오래전에 문을 닫은 조선소의 타워크레인들을 발견할 수 있었다. 그 순간 나는 이 길을 만든 사람들이 식재가 가능한 곳이면 어디든 나무를 심어 저 황폐한 모습을 가리려 한 게 아니었을까 추측했다. 하지만 얼마나 촘촘히 심어야 할지는 미처 셈하지 못했던 듯하다.

오두막으로 돌아오는 여정이 막바지에 이르기 시작했을 때 비로소 몸이 피곤하다는 것을 깨달았다. 그날 무려 30킬로미터 넘게 걸었다. 발바닥이 화끈거렸다. 그럼에도 그날 나는 나머지 시간 동안 매우 기분좋은—마음 편하고 온화하고 느긋한—상태로 지낼 것임을 알았다. 몇 시간 동안 아이들과 놀아주고, 저녁식사를 준비하고, 오두막을 깔끔하게 정리하면서도 줄곧 웃음을 잃지 않을 수 있었다. 그것은 오로지 그곳에 해안산책로가 있었고 그날 내가 그 길을 걸을 수 있었기 때문이었다. 그 밖의 다른 것은 필요하지 않았다. 이 단순한 사실 속에 중요한 진실이 담겨 있다. 평소에는 좀처럼 생각하지 않지만 길을 따라가다보면 늘 가슴속에 치밀어오르는 어딘가 떠돌고 싶은 욕구를 우리 모두 내재하고 있다는 사실 말이다.

나는 그해 남은 여름휴가 기간 내내 걸어 다니기를 계속했다. 나는 자동차를 운전하면 안 되었기 때문에 식료품점에 갈 때마다 걸어서 갔다. 내 배낭 중 가장 큰 것을 골라 매고 상점까지 6.5킬로미터를 걸었다. 거기 가서는 배낭에 식료품들을 가득 채워서 다시 걸어서 돌아왔다. 오두막을 출발해서 다시 돌아올 때까지 3시간이나 걸렸지만, 식구들은 내가 없다는 것을 좀체 눈치채지 못한 것 같았다.

그들은 내가 맨발로 걷기 시작하자 멍하니 쳐다보기 시작했다. 나는 신발을 벗어서 신발장에 넣어두고 휴가가 끝날 때까지 거기 그대로 놔두기로 마음먹었다. 맨발로 따뜻하게 데워진 돌출 암반들을 가로지르기도 하고, 무릎 높이까지 올라오는 블루베리 덤불 속을 통과하기도 하고, 부드러운 오솔길도, 거친 자갈길도 걸었다. 신발도 신지 않고 큰 발톱과 발등에 털이 난 발을 고스란히 드러낸 채 고원지대를 절뚝거리며 걸어서 산 정상까지 올랐다. 다른 사람 집에 갈 때도 맨발로 갔다. 식료품점에 갈 때도 마찬가지였다. 식료품점의 바닥은 차갑고 평평했다. 그런 바닥에서는 울퉁불퉁한 자연 속을 맨발로 걸을 때처럼 발뒤꿈치가 바닥에 닿을 때 등뼈를 자극하거나 발바닥이 노면에 부딪칠 때 머리가 울리는 느낌 같은 것을 느끼기 어려웠다. 어느 날, 한 어린 소년이 아버지와 함께 장을 보고 있었다. 그 소년은 나를 보자 가던 길을 멈추고 소리를 질렀다. "아빠, 저 사람 좀 봐요. 신발을 안 신고 있어요!"

나는 그런 모습이 좋았다. 신발과 양말은 나와는 무관한 것이었다. 나는 석기시대 사람이 되었다. 그렇다. 나는 호모에렉투스(직립원인)의 잔존하는 마지막 표본이 되었다. 내 발은 가무스름한 평발로 바뀌었다. 발의 크기도 여름휴가를 시작할 때보다 확실히 더 커졌다. 발은 살갗이 트고 코끼리 피부처럼 단단해졌다. 발톱은 평소보다 더 기이하게 보이기 시작했다. 발바닥은 몇 년 동안 비가 내리지 않은 아프리카 대초원지대를 항공기를 타고 가며 찍은 사진과 닮아 있었다.

휴가를 며칠 안 남겨놓았을 때, 내 친구 욘과 그의 가족이 우리 오두막을 찾아왔다. 그리고 어느 날 저녁, 욘과 나는 우리가 만날 때마다 늘 하는 것처럼 뭔가 함께 도모할 계획을 짰다. 우리의 대화는 필연적으로 함께 배낭을 싸서 여행을 떠나는 일에 대한 것으로 모아지기 마련이다. 그날 저녁도 다르지 않았다. 우리는 지도를 펼치고 꼼꼼히 지리를 살피며 여러 가지 가능성들에 대해서 의견을 나누었다. 다음날 욘과 그의 가족과 헤어질 때쯤, 우리 여정의 세부 계획은 이미 완성된 상태였다.

며칠 뒤, 우리의 여름휴가는 끝났다. 우리는 저마다 짐을 싸고 도시로 돌아갈 준비를 했다. 나도 마지못해 다시 양말과 신발을 신었다. 내심 극도로 불안하고 억압받는 느낌이 들고 밀실공포증 같은 두려움이 밀려왔다. 여름 내내 맨발로 걸어 다녀본 적이 있는 사람이라면 누구나 그것이 무엇을 의미하는지 알 것이다. 신발은 빽빽한 느낌이 들었다. 양말 때문에 발이 참기 어려울 정도로 근질거렸다. 발이 정말 불쌍하다는 생각이 들었다. 마치 자유로운 두 영혼이 인질로 잡혀 서로 다른 감방에서 내년 여름이 올 때까지 꼬박 1년 동안 갇힌 상태로 있을 수밖에 없는 상황처럼 느껴졌다.

고산 트레킹

상쾌한 날씨였지만 바람이 거셌던 늦여름의 어느 날, 나는 새로운 길을 발견했다. 몇 주 사이에 주변 풍경이 확 바뀌었다. 저녁이 되면 여치를 비롯해 풀벌레 울음소리가 어둑해진 들판을 가득 채우고, 아침에는 집안의 다양한 전등들이 온갖 모양과 크기의 곤충들로 도배되었다. 세상은 이제 더이상 엽록소 색깔이 아니었다. 온 천지를 물들였던 초록빛은 노랑과 빨강, 오렌지색으로 바뀌었다. 들판의 풀은 점점 말라가고, 블루베리와 덩굴월귤이 모습을 드러냈다.

나는 어느 높은 산 고원지대에 길쭉하게 솟은 빙퇴석 위에 서서 거대한 호수 건너편을 바라보았다. 나 말고도 다섯 명이 그 자리에 함께 있었는데, 한 명만 어른이고 나머지 네 명은 아이들이었다. 그 일행은 내 친구인 욘과 그의 아이들 두 명과 내 아이들 두 명이었다. 열한 살짜리 여자아이 둘과 아홉 살짜리 남자아이 둘. 우리는 몇 주 전 크로케뢰이에서 머리를 맞대고 세웠던 계획을 실행할 준비가 되어 있었다. 아이들은 그 계획에 자신들도 참여한다는 사실에 놀라며 마냥 즐거워했다. 예전에 우리는 오슬로와 베르겐 사이에 있는 노르웨이 중부의 하르당에르고원Hardanger Plateau의 높은 산들을 오르내리며 70킬로미터를 걸은 적이 있다. 우리는 날마다 긴 구간을 걷다 쉬다 하며 갔다. 욘과 나는 매우 들떠 있었다. 아이들도 마찬가지라고 말했다. 하지만 나는 그들이 현재 자신들이 뭘 하고 있는지 정말 이해하고 있는지는 의심스러웠다.

우리가 빙퇴석이 솟아오른 산마루 위에 오른 것은 특별한 이유가 있어서였다. 동쪽에서 서쪽으로 이어진 산맥을 가로질러 우리가 갈 길을 찾기 위해서인데, 오래된 옛길이라 풀숲이 우거져 있어 찾기 어려웠다. 그 구간의 상당 부분이 사람들의 기억에서 사라진 지 오래되었지만, 곳곳에 그 흔적이 여전히 남아 있어 조금씩이나마 길을 찾을 수 있다. 그 산길은 북유럽 도보여행길인 노르만슬레페네Nordmannsslepene의 한 구간으로, 수천 년 동안 인간이 걸어 다녔던 길이었다. 노르만Nordmann은 "북유럽 사람"을 의미하고 슬레페slepe는 어떤 것을 잡아당기거나 끄는 행위를 말하는데, 여기서는 손으로 끄는 수레나 썰매 정도를 뜻한다고 보면 된

“비가 내리기 시작했다.
산은 더 높아지고 뾰족해졌다.
곧이어 왜성자작나무가 나타났다.
바람은 잦아들었지만 비는 더 심하게 내렸다.
날이 점점 어두워지며 저녁이 되었다.”

다. 그 길은 세찬 바람이 휘몰아치는 산맥을 가로지르는 안전한 통로를 제공했다. 물론 여기서의 안전함이란 산을 넘어가는 여행이라는 점을 고려할 때의 안전을 의미한다.

산마루에서 우리는 커다란 호수를 굽어보며 노르웨이에서 가장 큰 강 가운데 하나인 누메달슬로겐Numedalslågen 하구 쪽으로 눈길을 옮겼다. 그 강은 산 어딘가에 있는 발원지로부터 계곡을 통해 바다를 향해 남쪽으로 흐른다. 강은 저항을 가장 적게 받는 경로를 선택해서 자연풍경을 해치지 않으면서 힘들이지 않고 흘러간다. 마치 사람들이 걸어 다니는 길이 그런 것처럼 말이다.

우리는 현재의 위치에 도달하기 위해서 연락선을 타고 호수를 건너 북쪽으로 자작나무숲을 통과해서 표시된 산길을 따라 걸어왔다. 그러고는 나무가 자랄 수 있는 경계 지점인 수목한계선 너머로 올라가서 텐트를 치고 하룻밤을 보냈다. 이어 우리보다 앞서 그 길을 걸어간 모든 이들의 발자국을 따라서 계속해서 고원지대를 가로질러갔다. 우리가 따라간 산길은 흙과 모래, 자갈로 덮여 있었다. 야생화 헤더와 버드나무 관목은 앞으로 나아가는 것을 힘들게 했지만 그 사이로 길게 홈이 파여 있었다. 그 홈은 자연스레 풍화되어 풍경 속에 스며들어 있었지만 골이 매우 깊게 파여 있었기 때문에 놓치고 그냥 지나칠 염려는 없었다. 그런 홈이 생겨날 수 없는 암반층의 산길을 통과할 때는 도보여행자들이 길을 잃지 않도록 돌을 쌓아 만든 이정표가 있거나 붉은색 페인트로 'T'*자가 써진 바위가 있었다.

긴 하루의 트레킹을 마친 뒤, 우리는 로가로스Lågaros에 있는 고산지대 오두막에 도착했다. 1960년에 노르웨이트레킹협회가 세운 허름한 목조건물이었다. 우리는 그날 밤을 거기서 보내기로 했다. 방 하나를 잡고 휴게실에서 밥을 먹었다. 식사를 하면서 그곳에 있던 다른 도보여행자들과 이야기를 나누었다. 대화는 오직 길에 대한 것이었다. 거기서는 길에 대한 내용 말고는 다른 어떤 이야기도 오가지 않았다. 모든 이가 자기가 걸어오거나 걸어갈 길에 대해서 이야기하고 다른 사람에게는 그들의 여행 경로에 대해서 물었다. "정말 멋진 날이었어요, 그렇지 않아요?" "춥고 궂은 날씨였지만 그건 중요하지 않아요." "날씨가 나쁜 것은 문제가 안 돼요. 문제는 복장이죠." "어디서 왔나요, 어느 길로 오셨어요?" "마른 길이었나요, 축축한 길이었나요? 길이 가팔랐는지, 평지였는지, 넓었는지, 아니면 좁았는지요?" "내일은 어디로 갈 거죠, 어느 길을 택할 건가요?"

시간이 흘러 저녁이 깊어지면서, 더 많은 도보여행자들이 도착했다. 그들은 밥을 먹고 젖은 옷을 장작난로에 말렸다. 휴게실

* trail(길)의 약자.

에서 쉬면서 그들이 걸은 길과 향후 일정에 대한 대화를 나누기 시작했다. 거기에는 온갖 종류의 사람들이 있었는데, 기업주, 상점 종업원, 운동선수, 아동복지시설 노동자도 있었다. 이 소박한 오두막에서 우리는 모두 하루종일 산길을 걸었다는 사실만으로 똑같이 행복했고, 내일도 다시 그렇게 할 거라는 생각에 만족했다.

길에 대한 이야기들이 마침내 서서히 사그라지는가 싶더니, 모두 잠자리에 들었다. 어떤 여행자는 코 고는 소리가 너무 커서 얇은 나무판자 벽이 덜거덕거릴 정도였다. 우리는 다음날 아침 일찍 일어났다. 도보여행을 할 때는 A유형의 성격*이 되는 것이 여러 가지 이점이 있기 때문이다. 우리는 휴게실에서 아침밥을 먹었다. 식사를 하면서 다시 길에 대한 대화를 이어갔다. 하지만 이제는 어제 걸었던 길에 대한 이야기는 더이상 하지 않았다. 그보다는 오늘 걸어갈 길에 대한 이야기만 오갔다.

아침식사를 집어삼킬 듯이 빨리 끝낸 다른 여행자들이 작별인사를 하며 멋진 도보여행이 되길 바란다고 말했다. 그들은 서로 다른 방향으로 흩어지며 오두막을 떠났다. 몇 분 뒤, 오두막은 텅텅 비었다. 오두막은 오후 늦게까지 그렇게 비어 있다가, 다시 새로운 도보여행자들로 채워질 것이고, 그들도 장작난로 위에 그들

* 경쟁적이고 늘 시간에 쫓겨 일정을 빡빡하게 세우며 성취를 중시하는 성향.

의 옷을 말리고 휴게실에서 휴식을 취하며 길에 대한 대화를 나눌 것이다.

우리도 배낭을 쌌다. 아이들은 푹 쉬었고 이런 신기한 장소, 2000년대에 자란 어린이들로서는 그 단순함에 있어서 매우 이국적일 수밖에 없는 공간에 자신들이 있다는 것을 깨닫고는 즐거운 모습이었다. 그들은 이 작은 오두막에 난 온갖 틈새와 감춰진 구석을 모두 탐색하고 다녔다. 그래서 욘과 나는 그들 무리를 불러 모으는 데 시간이 좀 걸렸다. 우리는 어젯밤을 여기서 보낸 여행객들 가운데 마지막으로 떠나는 사람들이었다. 귓가에 바람소리가 울리고 저마다 작은 배낭을 멘 아이들은 눈앞에 펼쳐진 높은 산을 발견하고는 와! 하고 경이의 함성을 질렀다.

우리는 호수와 강물을 굽어보는 빙퇴석이 솟아오른 산마루를 벗어나 동쪽으로 난 길을 따라갔다. 나는 노르웨이의 옛 산길이 나타나기를 기대하며 잠시도 주의를 게을리하지 않았다. 아직까지 그 길을 발견하지 못했지만, 조만간 눈앞에 모습을 드러낼 것이라고 나는 확신했다.

유기질이 풍부한 심토로 이루어진 숲과 문화 경관 사이로 난 길들은 사람들이 계속해서 이용하지 않으면 금방 사라진다. 그곳에는 나무들이 무성하게 자라고 땅은 수많은 풀과 양치식물, 이끼와 꽃들로 덮인다. 심지어 나무들 사이의 공간도 사라지는데,

나뭇가지들은 늘 햇볕이 가장 많이 비치는 곳으로 뻗어나가기 때문이다. 그런데 툰드라 같은 산악지대로 올라가면, 이야기는 달라진다. 그런 높은 고도에서는 키 큰 나무나 식물이 없다. 헤더와 지의류, 버드나무 관목 말고는 아무것도 없다. 땅은 척박하고 헤더 밑에 깔린 암석은 대개 몇 센티미터 정도에 불과한 아주 자잘한 돌멩이다. 이런 자연환경에서는 길이 완전히 사라지는 데 수백 년이 걸릴 수 있다. 그 진행 과정은 매우 느리다. 하지만 그런 환경에 인간의 발길이 많이 닿게 되면 매우 취약해질 수 있다.

노르만슬레페네는 1979년 노르웨이 문화유산법령Cultural Heritage Act에 의해 역사적 통상로로 등재되었다. 그 길은 크게 두 개의 경로로 나뉘는데, 하나는 스투레 노르만슬레페나Store Nordmannsslepena이고 다른 하나는 쇤드레 노르만슬레페나Søndre Nordmannsslepena이다. 하지만 그 길은 모두 산맥을 통해 사방으로 이어져 여기까지 연결된다. 오늘날 고속도로에서 분기되는 작은 2급 도로처럼 여러 갈래의 길들이 계곡들을 따라 길게 이어진다. 이 갈랫길들은 사람들이 산을 걸어서 통과할 때 어떤 식으로 갈라져 나아갔는지를 보여준다. 어떤 이들은 동쪽에서 서쪽으로 가로질러갔고, 또 어떤 이들은 남쪽에서 북쪽으로 넘어갔다. 이 도보여행자들의 출신지역은 곧 그들의 사회적 신분이나 계급과 일치했다. 스타방에르Stavanger* 출신의 주교들, 거대한 동부 계곡 지대 출신의 농부들, 베르겐 출신의 풍경화가들, 오슬로 출신의 학자들, 남부 노르웨이의 어부들, 그리고 니다로스Nidaros** 출신의 정부 정치인들.

노르웨이의 옛길의 일부는 오늘날에도 여전히 하르당에르고원에서 알아볼 수 있으며, 각 지점들은 붉은색 'T'자 표시로 쉽게 알 수 있어 사람들에게 널리 알려져 있다. 그레이트노르딕 트랙으로 알려진 길은 피오르 해안을 따라 시작해서 가파른 산악지대를 기어오른다. 지금 서 있는 고원의 이 지점에서 시야가 완전히 확 트인 너른 벌판을 가로지르다 마침내 계곡 아래로 내려가면서 구간이 끝난다.

우리는 모르부Mårbu 산장에서 여정을 마치기로 계획을 세웠다. 구간 표시가 된 길만 잘 따라간다면, 출발지에서 도착지까지는 정상적인 하루 코스 거리다. 우리는 물론 그 길을 따라갈 수 있었지만, 욘과 나는 그런 일상에서 좀 벗어나보고 싶었다. 우리는 최근에 만들어진 길처럼 구간 표시나 관리가 잘되고 있는 길이 아니라, 오히려 마지막 여행의 흔적마저 거의 깨끗이 지워져, 이제는 오직 손으로 그린 옛날 지도와 과거의 이야기로만 전해지는, 지난 시대의 자취로만 기억되는 그런 장소의 옛길을 찾아내

*노르웨이 서남부 항구도시.

**노르웨이 중부 항구도시 트론헤임Trondheim의 옛 지명.

고 싶었다.

하르당에르고원은 해발 평균 1,100미터가 넘게 솟아오른 북유럽에서 가장 높은 산맥의 고원지대다. 그곳은 노르웨이 남부의 맨 꼭대기를 덮고 있는 뚜껑처럼 보인다. 정상이 평탄하게 우뚝 솟은 장대한 모습이다. 그곳은 노르웨이 내륙의 상당 부분을 차지하고 있지만, 아무도 거기에 살고 있지 않다. 사람들은 사방에 흩어진 계곡과 해안가에 거주하고 있다. 따라서 옛날부터 이웃 마을이나 도시 사람들과 접촉하고자 하는 사람들은 그 고원을 넘어가지 않으면 안 되었다. 그곳은 인간에게 매우 비우호적인 지형으로 여겨진다. 황량한 벌판에 바람이 세차게 불고 겨울에는 허리 높이까지 눈이 쌓이는 혹한의 추위가 엄습하는 이곳은 순록을 좇아 이곳에 수렵채취인이 처음 등장했던 석기시대 때부터 지금까지 달라진 게 없다.

우리는 동쪽으로 걸었다. 한눈에 펼쳐지는 장대한 경치는 숨이 멎을 정도로 아름다웠다. 마치 허허바다를 마주하고 있는 것 같은 느낌이었다. 첩첩이 이어진 산비탈들은 해가 비치는 곳과 그늘진 곳이 서로 대비되면서 마치 파도가 일렁이는 것처럼 보였다. 햇살이 드는 곳은 노랑과 초록빛으로 물들고, 볕이 들지 않는 곳은 거의 검정에 가까운 회색빛을 띠고 있었다. 어디를 둘러보든 어두컴컴한 산과 드넓은 평원뿐인 그곳에서 우리는 지의류를 보았다. 지의류는 노르웨이에 최초로 인간을 불러들인 야생순록의 주된 먹이원이다.

하늘은 점점 어두워졌다. 바람이 더욱 세차지기 시작했다. 우리는 편평한 돌조각으로 만든 한 대피소를 지나갔다. 하르당에르 고원에 있는 많은 대피소들이 그런 식으로 되어 있었다. 이렇게 돌로 지은 대피소들 가운데 일부는 노르웨이트레킹협회Norway's Travel Association 또는 기초지자체 산악 관리위원회들에 의해 복원되었으며 2단 침대, 난방과 조리 설비가 갖추어졌다. 하지만 그렇지 못한 대피소들은 처음에 세워졌을 때와 마찬가지로 비바람과 같은 악천후를 피할 수 있는 가장 기본적인 역할만 수행할 뿐, 그 밖의 다른 편의시설은 제공하지 않았다.

아이들은 들꿩을 사냥중인 새 사냥개처럼 사방을 두리번거렸다. 만일 모든 이가 아이들처럼 움직인다면, 길 같은 것은 생겨나지 않을 것이다. 한 번 걸어간 길은 두 번 다시 걷지 않는다. 이것은 노르웨이 철학자 아르네 네스Arne Næss가 노르웨이 남부의 트베르가스테인Tvergastein의 산꼭대기에 있는 자신의 오두막에 오를 때마다 생각했던 것이다. 네스는 자신의 오두막에 갈 때마다 일부러 늘 다른 경로를 택했다. 그곳에 이르는 정해진 길을 만들고 싶지 않았기 때문이다.

나는 우리 아이들이 고원 위에서 마구 두리번거리고 걷는 것을 보고는 내가 처음으로 아들을 데리고 텐트 속에서 하룻밤 캠

핑을 하던 때를 떠올렸다. 아이는 당시 네 살이었다. 우리는 숲으로 난 길을 따라 걸었다. 그리고 작은 연못 근처에서 잠을 잤다. 아들은 앞장서 걸었고 나는 그 뒤를 따르며 관찰했다. 아이는 끊임없이 가던 길을 벗어나 쏜살같이 달리다가 바위 위로 기어오르기도 하고, 솔방울을 주워모으다가 나무뿌리에 걸려 거대한 나무 앞에 멈춰 서기도 했다. 아이는 오솔길이 난 곳에 머물지 않았을 뿐 아니라, 그런 길이 있다는 것조차 인식하지 못했다. 거리에 대한 개념도 없었고 자기 체력을 어떻게 분배해야 하는지도 몰랐다. 힘이 남아 있다고 느끼면 달렸고, 피곤하다고 느끼면 그냥 땅바닥에 드러누웠다.

마치 움직임이 없는 망망대해처럼 파도 모양을 이루고 있는 하르당에르고원의 독특한 풍경이 우리 앞에 펼쳐졌다. 땅바닥은 촘촘히 자란 순록이끼reindeer moss, 진홍색 헤더, 호리호리한 황새풀cotton grass이 모자이크를 이루고 있었다. 자갈과 모래, 초록의 지도를 그린 이끼들로 뒤덮인 납작한 돌들. 우리는 남동쪽으로 진로를 바꾸었는데 그 덕분에 바람을 등졌다. 바람은 우리를 앞으로 밀어낼 정도로 세차게 불었다. 아이들은 갑자기 걷기가 훨씬 쉬워지자 어리둥절해했다.

나는 여전히 옛길을 찾고 있었다. 시선을 이리저리 옮기며 주위를 샅샅이 훑었다. 우리는 호수를 따라 걸으면서 엄청나게 크게 수직으로 금이 간 가파른 벼랑을 지나쳤다. 그 벼랑은 폭이 2미터에 높이가 10미터에 이르는 균열이 나 있었다. 그것은 우리 머리 위에서 동쪽을 향해 벌어져 있었다. 욘은 사람들이 지나다닌 흔적이 있는지 찾기 위해 그 균열이 난 틈새를 조사해보고 싶다고 말했다. 그는 위로 기어올라갔다. 나는 서서 그가 올라가는 모습을 쳐다보면서 이곳을 오래전에 지나갔던 최초의 사람이 틀림없이 했을 바로 그 행동을 그대로 재현하고 있다고 생각했다. 그 여행자는 처음에 그 벼랑에 난 틈을 발견하고 곧바로 바람과 악천후를 피할 수 있는 좋은 쉼터가 있는지, 그래서 비상시에 생명을 구할 대피소가 될 만한지 더 조사하기 위해 그 틈새로 들어갔을 것이다.

욘이 돌아왔다.

그가 발견한 것은 정확하게 말해서 동굴이 아니었다. 하지만 두 명이 안에 들어가기에는 충분한 구멍이라고 그는 말했다. 옛날에 누군가가 유사시에 여기서 몸을 피했을 가능성도 높았다. 우리는 생각보다 우리가 옛길에 더 가까이 온 것은 아닐까 하는 생각을 했다.

그런 쉼터들이 옛길에 가까이 있을 거라고 생각하거나, 그런 길이 대피가 가능한 곳 근처를 지나갈 것이라고 생각하는 것은 타당한 유추였다. 이곳은 여행자들이 산을 넘는 동안 밤을 새웠거나, 어쩌면 폭풍이 몰아치거나 폭우가 내렸을 때 몸을 피했음에 틀림없을 그런 장소다. 벼랑에 난 틈새는 하나의 표식이었다. 우리는 주의를 집중해서 앞으로 나아가는 길의 바닥에 시선을 고정시켰다. 잠시 후, 욘이 큰 소리로 외쳤다—그리고 나는 무언가 새로운 것을 발견하는 사람은 늘 욘이라는 사실을 인정하지 않을 수 없었다.

"여기 있어. 여기 길이 있다고!"

지면에 뚜렷한 표시가 있었다. 오솔길 두 개가 서로 1.5미터 간격으로 평행을 이루며 달리고 있었다. 저마다 깊이가 10센티미터에 폭이 30센티미터인 두 오솔길은 풀과 이끼로 반쯤 덮여 있었다. 이 길이 정말 노르웨이의 옛길이라는 사실은 의심의 여지가 없었다. 나는 서서 그 길들을 바라보면서 인간의 왜소함과 자연에 대한 경외감을 느꼈다. 이 옛길은 과거와 현재를 이어주는 상징이다. 그 길은 수천 년 동안 하르당에르고원을 가로질렀다. 그 기간은 심지어 8,500년 전까지 거슬러올라가기도 한다. 어떤 이들은 인간이 그 길을 만들었다고 주장하기도 하지만, 반면에 순록이나 양, 말들이 다니며 다져놓은 동물들의 오랜 이동로라고 믿는 사람들도 있다. 폭이 넓은 길은 거대한 순록 무리의 흔적을 가리킬 수도 있고, 폭이 좁은 길은 한 마리씩 일렬로 줄지어 걷는 양이나 말의 발굽이 만든 것일 수도 있다.

우리 스스로 떠맡은 임무를 마침내 달성했다는 안도감과 함께 갑자기 행복감이 밀려왔다. 그것은 마치 우리가 인류 모두에게 중요한 비밀을 한 가지 밝혀낸 것 같은, 다시 말해서 영민하고 용감한 탐험가 여섯 명이 역사의 지하창고에 파묻혀 있던 유물을 하나 찾아내서 두텁게 낀 먼지를 털어내고 세상에 빛을 보게 한 것 같은 기분이었다. 우리는 아이들을 불러모아 그 길을 보여주었다. 그들은 땅바닥을 무심하게 내려다보더니 이내 다시 그 길을 벗어나 달렸다.

우리는 새로 발견한 그 길을 따라 동쪽으로 계속 걸어갔다. 그 길은 도중에서 군데군데 길이 보이지 않고 사라진 것처럼 보이다가 다시 나타나곤 했다. 이 길은 우리가 가려고 하는 것과 같은 방향을 따라갔다. 우리가 가지고 있는 옛날 지도가 정확하다면, 그 옛길은 우리의 여행 종착지인 모르부 산장으로 이어지는 표지판의 도보여행길과 만날 것이다. 우리는 아이들에게 이 사실을 설명했다. 하지만 그들은 조금 전 들꿩 몇 마리가 막 날아오른 100미터 앞의 버드나무 관목 덤불을 향해 몰래 다가가는 것에 더 마음을 빼앗긴 상태였다. 아이들은 들꿩을 잡기 위해서는 무기가 필요하다는 것을 깨달았다. 곧바로 창으로 사용할 나뭇가지를 찾아다녔다. 그러나 그들은 우리가 수목한계선 위에 있기 때문에 주변 몇 킬로미터 안에서 나뭇가지를 발견할 수 없다는 것을 금방 알아챘다. 욘과 나는 그들을 지켜보았다. 나는 앞서 욘이 벼랑에 있는 틈새를 살펴보러 갔을 때 내가 했던 것과 동일한 방식으로 그들이 하는 행동을 관찰했다. 아이들은 돌을 주워서 몸을 구부린 채 살금살금 기어서 천천히 새들이 있는 쪽으로 나아가기 시작했다. 욘과 나는 그 옛길의 틈바구니에 서서 석기시대 이후로 인간의 사냥 본능이 우리가 믿고 싶어하는 것보다 결코 진화하지 않았음을 보여주는 이 네 생명체들의 움직임 하나하나를 계속해서 지켜보고 있었다.

오후가 되었다. 순록이끼가 옛날 손목시계의 시곗바늘을 연상시키는 색깔인 희고 엷은 초록빛을 한껏 뽐냈다. 낮게 내려앉은 늦여름의 태양은 우리 앞에 그림자를 길게 드리우고 백지를 가로지르는 검정 줄무늬처럼 이어진 옛길을 환하게 비추었다.

우리는 호숫가 한 곳에 캠핑하기 좋은 자리를 발견하고 거기에 텐트를 쳤다. 저녁인가 싶더니 이내 밤이 되었다. 다시 아침이 되어 우리는 텐트의 지퍼를 열고 바깥 풍경을 응시했다. 모두 동쪽을 바라보고 있었다, 그곳에 펼쳐진 옛길은 거대한 창공 아래로 길게 이어져 있었다.

양떼는 고산지대에서 최고의 길잡이다. 산길을 걷는 동안 우리는 내내 소규모 양떼들과 우연히 마주쳤다. 그들은 어떤 계획이나 길을 따라 움직이는 것처럼 보이지 않았다. 하지만 우리는 그들이 그런다는 것을 알았다. 양은 우리를 자신들의 단조로운 일상을 깨뜨리는 흥미로운 존재인 듯 바라보았지만, 항상 일정한 거리를 유지했다. 산악지대에서의 긴 여름은 그들로 하여금 사람을 경계의 대상으로 보게 만들었다. 어쩌면 그들은 자신들이 사람들과 어울려 살았다는 사실을 까먹었는지도 모른다. 그러나 곧 가을이 다가오면 그들의 주인은 그들을 끌고 산 아래 계곡으로 내려가서 외양간에 넣을 것이다. 그들은 겨울 내내 그곳에 머물다가 다시 해가 바뀌면 산길을 따라 고산지대로 올라갈 것이다. 아마 그때쯤이면 그들은 산이 있었다는 사실을 까먹을지도 모른다. 지금 그들이 인간에 대해서 기억하지 못하는 것처럼 말이다.

잠시 후, 노르웨이의 옛길은 다시 사라졌다. 그러고는 다시 모습을 드러내지 않았다. 더이상 따라갈 길이 없어진 것이다. 하지만 우리는 길이 있음을 알리는 표식들을 발견했다. 돌무더기들이 지형을 따라 주요 지점 곳곳에 쌓여 있었다. 그 이정표들은 늘 하늘과 대비되어 눈에 띄는 위치에 놓여 있었다.

돌무더기는 모든 길이 보통 그런 것처럼 주위 풍경과 조화를 이루는 방향 표지판 역할을 한다. 이렇게 돌을 쌓아 만든 이정표는 사람들이 거의 알아챌 수 없을 정도로 주변 환경을 미세하게 바꿈으로써 길을 찾는 사람들이 어디로 가야 할지를 쉽게 알려준다. 노르웨이어로 "돌무더기"를 뜻하는 바르데varde는 고대 노르드어 바르디varði에서 왔다. 그것은 "주의력"이나 "경계"라는 뜻이다.

영어로는 "돌을 쌓아올린 더미"라는 의미다. 노르웨이에서 돌무더기는 역사적으로 지도에서 사용되는 경계선과 삼각법에 따른 지점들을 표시하기 위해 사용되었다. 바다 근처에 세워진 돌무더기는 항로를 따라 특별한 지점을 눈에 띄게 표시하기 위한 것이고, 산길에 쌓여 있는 돌무더기는 길의 방향을 알려주기 위한 용도였다. 하르당에르고원에 있는 돌무더기 가운데 다수는 노르웨이트레킹협회가 새로 쌓아놓은 것들이다. 그 단체가 이 오래된 형태의 길 표지판을 사용하기로 결정하고 옛날과 동일한 방식으로 돌을 쌓아놓은 것은 참 잘한 일이다.

하르당에르고원 위에 쌓아놓은 돌무더기들은 형태와 크기, 쌓은 시기가 다양하다. 가장 오래된 것은 아마 수천 년도 더 되었을 것이다. 노르웨이 지질학자 크리스토페르 한스텐Christopher Hansteen은 1821년에 그가 여행한 기록을 남기면서 그 돌무더기를 "위안을 주는 안내자"라고 불렀다.

> 이 거대한 암반들은 나침반 없이도 이 황야를 통과하는 길을 찾을 수 있게 도와준다. 그중에는 바깥쪽으로 원을 그리면서 50개의 암반이 놓여 있는 것도 있다. 이렇게 큰 것 말고도, 지나가는 사람들이 길의 방향을 알리기 위해 작은 돌을 두세 개씩 쌓아놓기도 했다. 그래서 하나의 이정표를 지나치자마자 곧바로 다음 이정표를 볼 수 있도록 했다.

우리는 아침과 오전, 그리고 오후 내내 그 돌무더기들을 따라 갔다. 우리는 길이 없는 길을 따라 점점 더 동쪽으로 걷고 있었다. 우리의 종착지 오두막으로 이어진, 최근에 조성된 도보여행길에 점점 가까워지고 있다는 생각이 들 무렵, 우리는 반대편 드넓은 초원지대에서 산등성이를 따라 일렬로 걸어오고 있는 다른 도보 여행자들을 발견했다. 그들은 우리가 이틀 만에 처음으로 만난 사람들이었다. 아이들은 다른 사람들을 보자 좋아했다. 사람이 많이 다니는 정상적인 산길이 나오길 간절히 바라고 있었기 때문이다. 아이들은 헤더 위를 미끄러지듯 스치며 더 빨리 걷기 시작했다. 우리가 산등성이 꼭대기에 다다랐을 때 아이들이 거기서 마침내 붉은색으로 'T'자가 새겨진 이정표를 발견했다. 그러고는 우리가 드디어 목적지에 도착할 수 있을 거라는 생각에 안도하며 만족해하는 표정을 지었다.

우리는 그 길을 따라 아래 계곡으로 내려갔다. 더이상 어디로 가야 할지 주의를 기울이지 않아도 되었다. 더이상 주변 환경을 유심히 살펴볼 필요도 없었다. 우리보다 앞서 수많은 사람들이 이미 길을 다 다져놓았기 때문이다. 비가 내리기 시작했다. 산은 더 높아지고 뾰족해졌다. 곧이어 왜성자작나무가 나타났다. 바람은 잦아들었지만 비는 더 심하게 내렸다. 날이 점점 어두워지며 저녁이 되었다. 우리는 재킷에 달린 모자를 끌어올려 쓰고 계속 걸어갔다. 입을 떼는 사람은 아무도 없었다. 저마다 깊은 생각에 빠져 있었다. 규칙적으로 반복되는 걸음걸이, 우리는 어느새 무의식적으로 저마다의 독특한 걸음걸이로 걷고 있었다.

2부

내가 기억하는 길

아이들은 어른들과 다른 방식으로 길과 관계를 맺는다. 어린 시절 우리 오두막 뒤로 난 길은 신비하고 고혹적이었던 것으로 기억한다. 그 길은 이전에도 여러 차례 간 적이 있어 친숙한 공간이었지만, 그럼에도 불구하고 시간이 흐르고 철이 바뀔 때마다 끊임없이 변모하는 미지의 풍경으로 들어가는 길이었다.

길도 마찬가지로 모습을 바꾸었다. 여름에는 여러 가지 꽃과 야생딸기들이 길을 둘러쌌다. 그러나 여름이 막바지에 이르면 그 꽃들은 이파리가 노랗게 바뀌면서 이슬의 무게를 못 이겨 아래로 축 늘어지며 내 바짓가랑이를 적셨다. 9월이 되면 버섯들이 땅을 뚫고 솟아올랐다. 10월에는 나뭇잎들이 떨어지며 길을 덮었다. 노랗고 붉게 물든 단풍들이 발길에 치이면 오솔길은 비누칠을 한 것처럼 미끄러워졌다. 그러고 나서 첫서리가 내렸다. 주변 풍경이 모두 경직된 모습으로 바뀌면서, 길을 걸을 때 발밑에서는 쩍쩍 갈라지는 소리가 났다.

겨울이 오면 길은 눈으로 덮였다. 그러면 길이 사라졌다. 오직 날카로운 눈매를 가진 사람만이 개울을 따라 선을 그리며 이어진 자취와 눈의 무게에 눌려 축 늘어진 나뭇가지들 사이로 난 빈 공간으로 미루어 그곳이 길이었음을 짐작할 수 있을 뿐이다. 그러다 봄이 되면 길은 다시 모습을 드러냈다. 가장 먼저 눈이 녹으면 얼음장 같은 지표수가 흐르기 시작하고, 그뒤에는 땅이 녹아 마르면서 지난해에 노랗게 죽은 잔디가 되살아나고 흰색과 파란색의 우드아네모네wood anemone와 백합이 계곡을 에워싸며 희망의 향기를 내뿜는다.

오랜 세월이 흘렀어도 나는 아직도 그 길을 선명하게 기억할 수 있다. 눈을 감고 마음을 모으면, 그 길의 구석구석까지 빠짐없이 떠올릴 수 있다. 손가락이 음계에 따라 기타줄과 피아노 건반, 플루트 키 구멍의 위치를 기억하는 방식으로 말이다. 그것은 마치 마음속에 새겨진 규칙처럼 잊어버릴 수 없는 그런 것이다.

우리는 늘 오두막에서 시작했다. 거기로부터 우리는 작은 목초지를 가로질러 앞서 아버지의 식탁에서 본 오래된 사진에 나오는 잉꼬 야콥이 묻힌 곳을 지나쳤다.

그곳은 길이 시작되는 출발점이었다. 오른쪽에는 측면에 낙엽수들이 우거져 있는 산비탈이 있었다. 가을이 되면, 산비탈 꼭대기까지 오르는 모든 경사면이 더 높아진 것을 볼 수 있었다. 하지만 여름에는 마치 뚫을 수 없을 것처럼 보이는 초록색 이파리의 장벽이 앞을 가렸다.

왼쪽에는 마지막 빙하기 이후 노르웨이 토양에 이식된 최초의 나무들 가운데 하나인 개암나무들이 조밀하게 군생하고 있었다. 우리는 해마다 여름이면 그 나무들이 있는 숲에 쉼터를 만들었고 가을이면 개암을 마음껏 따먹었다. 나는 아직도 개암나무 열매의 껍데기를 기억한다. 빛바랜 갈색이고 대체로 연하다. 우리는 개암나무 열매를 커다란 돌 위에 놓고 작은 돌로 내리쳤다. 돌로 내리칠 때 순간적으로 힘 조절을 하면 속 알맹이에는 전혀 충격을 주지 않고 껍데기만 으깨어서 개암 알맹이를 온전한 형태로 꺼낼 수 있다. 그러나 순간적으로 힘 조절을 못 하고 그냥 끝까지 내리친다면, 바스러진 사기 조각처럼 개암이 쪼개져서 껍데기로부터 으깨진 개암 조각들을 줍는 데 하루종일 시간을 허비할 것이다. 개암은 석기시대 인류에게 중요한 양식 가운데 하나였다. 당시에 그것은 우리에게도 중요한 먹을거리였다. 그 시절 "나무"라는 단어는 내 머릿속에서 "개암나무"와 동의어였다. 그리고 그때 나는 세상이 개암나무로 가득찼다고 믿었다.

우리가 개암나무와 잉꼬 야콥의 무덤이 있는 목초지를 지나가면, 길이 평평해지면서 거대한 가문비나무숲으로 이어졌다. 이곳은 불안하고 무서운 기분이 드는 곳이었다. 땅바닥은 어둡고 생기가 없었고, 공기는 늘 냉랭했다. 바깥 기온이 따뜻해도 가문비나무숲은 그리 따뜻하지 않았다. 바깥 기온이 차가우면 그곳은 훨씬 더 추웠다.

우리는 나뭇가지가 힘겹게 늘어진 땅바닥을 응시하며 어두운 숲길을 빠르게 통과하곤 했다. 혹시나 신화 속에 나오는 상상의 존재—숲의 요정이나 땅속 요정, 트롤—가 어디선가 불쑥 튀어나오지 않을까 걱정했지만, 그런 것은 전혀 보이지 않고 고요하기만 했다. 마침내 그 숲을 벗어나 반대편으로 나오면, 시원한 풍경이 눈앞에 펼쳐졌다. 길은 왼쪽으로 휘어지며 여기저기 자그마한 물웅덩이가 흩어져 있는 늪지처럼 보이는 젖은 땅을 가로질렀다. 우리는 발목이 젖지 않도록 물웅덩이를 이리저리 뛰어넘어야 했다. 나는 다른 곳은 다 마른땅인데 왜 이곳만 이렇게 늘 축축한지 그 이유를 알지 못했다.

길은 옛날 숲길과 만나 오른쪽으로 획 방향을 틀었다. 그 길은 1800년대에 거대한 숲을 소유했던 사람이 조성했다. 내가 어렸을 때, 그 길은 너무 숲이 우거지고 어렴풋해서 거기에 길이 있다는 것을 미리 알고 있지 않다면 전혀 눈치채지 못할 정도였다. 그 길을 계속해서 따라가면 수목이 무성하게 자란 숲길의 가장 높은 곳에 이르렀다.

그 길의 오른쪽에는 높은 산(어린아이의 눈으로 보기에)이 하나

우뚝 서 있었다. 그 산의 능선은 평지에서 수직으로 5~6미터 높이로 이어져 있었다. 거기에는 위태로워 보이는 날카로운 돌출부가 한 군데 있었다. 그것은 외계에서 온 위협적인 어둠의 존재처럼 우리의 머리 위에 어렴풋이 불쑥 나타났는데, 오래된 집의 장작난로 뒤 반질거리는 돌벽처럼 옅은 회색의 매끄러운 화강암으로 이루어진 평평한 모양이었다.

우리는 그 산이 머리 위로 떨어지기 전에 서둘러 그 돌출부를 지났다. 그곳을 지날 때마다 어머니는 우리에게 당신이 어렸을 때 이야기를 하나 들려주었다. 어머니는 자신이 탄 마차를 끄는 말을 항상 그 산 옆에 잠깐 멈춰 쉬었다가 다시 가도록 했다고 했다. 농장에서 계속 달려야 했을 테니 말도 몹시 덥고 숨이 찼을 것이다. 그런데 바로 이 지점에만 오면 늘 시원한 산들바람이 불어왔다고 했다. 이 얘기를 할 때 어머니는 마치 모험담을 들려주듯 신비감을 섞어 풀어나갔다. 시원한 산들바람? 나와 두 여동생은 촉감을 곤두세웠다. 하지만 우리 주변의 모든 것은 아주 평범해 보였다. 바람이 불지 않는 날에는 산에 와닿는 산들바람도 없었다. 그리고 바람이 분다 해도, 그것은 보통 바람과 특별히 다를 것 같지 않았다.

그 산을 지나서 몇 걸음 안 떨어진 곳에 바로 폭포가 있었다. 길은 거기서부터 가파른 오르막으로 바뀌었다. 이 마지막 걸음은 고난이었다. 풀과 야생딸기는 이제 사라졌다. 거기에는 자갈과 돌밖에 없었다. 발밑에서 자갈돌이 굴러다니기 때문에 잘못하다 발을 헛디디면 균형을 잃고 넘어질 수도 있었다. 그 구간은 정말 길고도 힘든 길이었다. 하지만 그런 생각이 들 때쯤이면 종착지까지 얼마 남지 않은 상황이고, 벌써 저만치 앞에서 폭포수가 으르렁거리며 떨어지는 소리를 들을 수 있었다.

거기에는 폭포를 건너는 다리가 하나 있었다. 그 다리가 무엇으로 만들어졌는지, 평평한 돌로 지었는지, 아니면 둥근 통나무로 지었는지는 기억나지 않지만, 다리 난간에 기대어 햇살에 빛나는 커다란 물방울과 하얀 거품, 어둡고 무서운 소용돌이를 일으키는 거대한 물줄기가 쏟아져내리는 모습을 조용히 응시했다는 것은 생각난다. 우리는 다리의 폭포 상류 쪽에서 흘러내리는 급류에 부러진 나뭇가지와 솔방울들을 던지고는 그것들이 어떻게 떠내려가서 하류로 빠르게 흘러가는지 보려고 반대쪽으로 달려갔다. 그것은 내가 아는 가장 큰 폭포이자 유일한 폭포였다.

폭포를 지나면, 길은 오른쪽 위로 향했다. 그러다 다시 평지가 나오면서 초록의 생기 있는 분위기로 바뀌었다. 바위와 자갈은 사라지고 없었다. 이 길은 풀과 꽃들로 덮이고 두툼하고 수분이 많은 줄기를 가진 식물들로 둘러싸여 있었다. 지형은 확 트여 있었던 것 같다. 우리는 파릇파릇한 신록의 초원과 날개를 퍼덕이며 나는 여름새들을 보곤 했다. 그리고 수많은 곤충들이 윙윙거리는 소리도 들을 수 있었다.

우리는 할아버지와 할머니가 가축들에게 먹일 여물을 마련하기 위해 풀을 베곤 했던 들판에 점점 더 가까워지고 있었다. 하지만 그전에 한번 더 개울을 건너야 한다. 이 두번째 다리는 통나무로 만든 것이었다. 개울은 조용히 흘렀다. 물은 졸졸거리며 천천히 흘러갔다. 초록의 풀들이 물살에 흔들거리고 개울 바닥은 햇빛을 받아 금처럼 반짝거리는 흰 돌들로 덮여 있었다. 개울둑을 따라 프림로즈primrose*가 자랐다.

개울이나 강은 날이 저물어도 결코 쉬거나 멈추지 않는 자연의 일부이다. 나는 물이 흘러가는 것, 그것의 의미에 대해서 충분히 생각하지 못했다. 그때는 깨닫지 못했지만, 개울과 길 사이에는 유사성이 있다. 둘 다 동일한 작동 원리로 움직이기 때문이다. 개울은 힘들이지 않고 지형을 헤치며 나아간다. 그리고 똑바로 일직선을 그리며 흐르지 않는다. 또한 가장 짧은 거리나 빠른 길을 골라 가지도 않는다. 개울은 저항을 최소한으로 받는 길을 따라간다. 물은 평형상태를 추구한다. 균형을 이루는 상태에 이를 때까지 끊임없이 흐른다. 그때가 되어서야 비로소 개울은 흐름을 멈출 것이다. 그래서 개울은 호수를 만나면 사라진다. 강 또한 바다

* 앵초과에 속하는 야생화로 연한 노란색의 꽃이 핀다.

를 만나면 흐름을 멈춘다. 물은 평형상태에 도달하면 속도를 잃고 더이상 흐르지 않는다. 평형상태에 도달한 물은 사방으로 흩어지는데, 이것은 길도 마찬가지다. 목적지에 도착한 사람들은 이제껏 함께 걸었던 발걸음을 멈추고 저마다 자기 방향으로 흩어져가기 때문이다.

개울은 오른쪽으로 빙 돌아 아래로 내려가기 전에 커다랗게 활 모양을 그리며 흘렀다. 개울이 시작되고 끝나는 지점이 어딘지 나는 몰랐다. 그다지 알고 싶지도 않았다. 개울이 바로 발아래 있다는 것만으로 충분했다. 그때 나는 그 개울이 내가 걸었던 길에 있는 두 개의 다리 아래를 흐르던 것과 같다는 사실을 이해하지 못했다. 그러한 연관성은 내가 헤아리기엔 너무 크고 복잡한 것이었다. 당시의 나는 풍경을 더 큰 안목으로 바라볼 줄 몰랐다. 내 어린 시절의 삶은 지표면 수준에 머물러 있었다. 관심과 시선이 온통 그곳에 집중돼 있었기 때문이다.

두번째 다리를 건너자마자 길은 두 갈래로 갈라졌다. 오른쪽으로 휘어진 길은 산 정상을 넘어가서 계곡 아래로 내려갔다. 하지만 우리는 그 길로 가지 않았다.

우리는 왼쪽 길로 계속 갔다. 잠시 후면 그 길의 존재 이유였던 들판에 도착할 터였다. 할아버지와 할머니는 마차를 타고 바로 그곳에 가서 큰 낫으로 풀을 베어 시렁에다 그것을 말렸다. 그들

"개울은 힘들이지 않고
지형을 헤치며 나아간다.
그리고 똑바로 일직선을 그리며 흐르지 않는다.
또한 가장 짧은 거리나
빠른 길을 골라 가지도 않는다."

은 풀이 다 마르면 건초를 마차에 싣고 농장으로 다시 돌아왔다. 그러고는 그것을 농장의 가축사료 저장고에 쌓아놓고 겨울 내내 말렸을 것이다.

그 들판은 오솔길이 끝나는 지점에 있었다. 아이들이나 어른들 모두 말은 안 했지만 그곳에 도착하면 휴식을 취할 거라는 것을 알고 있었다. 우리는 거기서 작은 플라스틱 통에 담긴 주스를 마시고 쪼글쪼글한 종이 포일(crinkly sandwich paper)로 싼 빵을 꺼내 먹었다. 아버지는 우리에게 초콜릿을 주었다. 아버지는 거기까지 걸어오는 내내 우리를 구슬리기 위해 그것을 먹지 않고 남겨두었다.

초콜릿을 다 먹었으면, 이제 돌아갈 시간이었다. 그때까지만 해도 우리는 여전히 작은 꼬마들이어서 집에 올 때까지 아버지와 어머니의 목말을 탈 수 있었다. 하지만 우리 사이에는 또다른 한 가지 약속이 있었는데, 그 들판에서 초콜릿을 먹은 사람은 누구든 돌아가는 길에 끝까지 걸어서 가야 한다는 것이었다. 처음에 그곳에 도착해서 쉴 때는 그런 전제조건에 동의하기가 그다지 어렵지 않았지만, 휴식 시간이 끝나고 초콜릿을 다 먹고 나면, 우리는 그렇게 동의한 것을 곧바로 후회하고 그 약속을 무효로 돌리고 싶어했다.

다만 안심이 되는 것은 돌아오는 길이 내리막이라는 사실이었다. 그것은 올라갈 때와는 다른 길이었다. 터벅터벅 힘들게 올라가던 길이 이제 경사진 비탈길로 바뀌었다. 똑같은 풍경이 관점에 따라 달라 보였다. 올라올 때 개울을 건넜던 두번째 다리가 돌아가는 길에서는 첫번째 다리가 되었다. 말이 휴식을 취했던 산은 이제 왼쪽에 있었다. 여기저기 물웅덩이가 고여 땅바닥이 늘 축축한 곳에 이르러서는 깡충깡충 뛰어갔다. 이제 어두컴컴한 숲속으로 들어갔다. 우리는 우거진 나무들 아래를 달리기 시작했다. 빛이 환하게 비치는 숲 밖으로 나와서 잉꼬 야콥의 무덤을 지나 마지막 목초지를 가로질러 오두막 계단까지 쉬지 않고 달렸다.

우리는 다시 한번 그 일을 해냈다. 처음부터 끝까지 우리 두 발로 걸어서 말이다. 중간지점인 들판에 도착해서 초콜릿을 다 먹었을 때, 불평이 터져나온 것은 물론이다. 하지만 다리는 아프고 몸도 무겁고 날씨는 더운데 불평하지 않을 사람이 누가 있겠는가? 서로를 격려하고 함께 춤을 추었다. 마침내 길의 끝자락에 도착한 우리는 비로소 오두막 안으로 들어갈 수 있었다. 신발을 벗고 소파에 털썩 몸을 던졌다. 우리는 이제 다시 주로 앉아서 지내는 생활로 돌아왔다.

J. R. R. 톨킨의 3부작 『반지의 제왕』에 나오는 빌보 배긴스는 오랜 방랑의 생활을 끝내고 자신의 자서전 집필을 끝마치며, 제목

을 '거기서 다시 돌아오다There and Back Again'라고 단순하게 짓는다. 나는 누가 뭐래도 그 제목이 마음에 들었다. 그 제목은 빌보가 시도한 많은 모험들에서 무슨 일이 일어났는지에 대해서, 즉 그것이 좋은 일이었는지 나쁜 일이었는지, 고단한 일이었는지 즐거운 일이었는지, 무서운 일이었는지 평화로운 일이었는지에 대해선 아무것도 말하지 않는다. 그 책의 제목은 오로지 걷는 행위에 대해서만 언급한다. 그는 거기서 걸었다. 그러고 나서 몸을 돌려 다시 걸어서 돌아왔다. 그는 자신에 대한 이야기를 모두 끝내고 마지막 마침표를 찍자마자, 그 모든 일이 시작된 곳인 자기 거실로 돌아온다. 반지는 더이상 존재하지 않고 그의 여정도 끝난다. 자신이 지금까지 알고 살아왔던 삶으로 되돌아가는 것이다.

야생 속으로

그 오래된 노르만슬레페네를 따라나선 도보여행에서 돌아온 뒤 몇 주 동안, 나는 오슬로와 그 한계선을 넘어간 어디서도 결코 시도해본 적 없는 새로운 길 찾기를 계속했다. 여름휴가는 끝난 지 오래였다. 아이들은 다시 학교에 다니기 시작했고, 어른들은 직장으로 돌아갔다. 하지만 나는 자유인이었다. 사무실이 있기는 했지만 지시를 내릴 상사는 없었다. 얼마나 많은 일을 할지, 얼마나 오랜 시간 일할지를 스스로 결정할 수 있었다. 나는 이 특별한 가을에 걸어 다니는 것에 많은 시간을 할애하기로 마음먹었다. 이것 또한 일이라고 스스로에게 이야기했다. 앉아 있을 때보다 걸어 다닐 때 더 자유로운 생각에 빠질 수 있기 때문이다.

길은 가을 내내 모습을 바꾸었다. 더이상 수풀이 무성하게 우거진 풍경이 아니었다. 풀은 서서히 노랗게 물들기 시작하고 아침이면 풀잎마다 이슬이 맺혔다. 그 무게를 못 견딘 잎사귀들은 머리를 떨구고 구부정한 모양을 취했다. 이제 곤충들은 거의 보이지 않았다. 버섯들이 모습을 드러내기 시작했다. 사람들은 가벼운 운동화 대신 목이 긴 신발을 신었다. 겨울모자와 장갑. 그리고 첫서리가 내린 밤.

그사이 9월이 10월을 불러왔다. 가을이 절정에 이르렀을 때, 나는 북쪽으로 가는 열차를 타고 또다시 친구 욘과 함께 도시를 벗어났다. 앞서 그해 여름 하르당에르고원을 가로지르는 도보여행을 하면서 우리는 새로운 계획을 세웠다. 크로케뢰이에서 여름휴가를 보내는 동안 하르당에르고원을 횡단할 계획을 짰던 것처럼 말이다.

그때 계획처럼 이 새로운 여행 계획 또한 단순했다. 우리는 오슬로에서 가까운 노르마르카Nordmarka숲을 사흘에 걸쳐 걸어서 관통할 예정이었다. 우리는 GPS나 나침반 없이 오직 태양만을 길잡이로 해서 정해진 길이 아닌 길을 따라 걷기로 했다. 우리는 보통 길을 걸을 때 겪는 것과는 정반대의 경험을 할 기회를 갖고 싶었다. 우리는 누구의 발길도 닿지 않은 곳, 사람의 손길이 닿지 않은 야생의 혼돈 속에서 최대한 자연환경을 훼손하지 않는—자연에 최소한으로 개입하는—길을 선택해서 그곳을 걷고 싶었다.

욘과 나는 많은 탐사 여행을 함께했다. 그때마다 자연 속을 여행한다는 것이 무엇을 의미하는지 새롭게 깨달았다. 우리가 처음으로 같이 도보여행을 떠난 것은 고등학교 때였다. 그로부터 벌써 거의 30년 세월이 흘렀다. 노르웨이에서 한창 추운 겨울인 1월 초에 처음으로 큰 호수로 함께 카누를 타고 나갔을 때 우리는 열여덟 살이었다. 그런 아북극 지역에서 그곳의 선주민 이누크Inuk족이 아니라면 1년 중 그 시기에 카누를 탈 생각은 거의 하지 않는다.

카누를 호수로 몰고 나간 것은 저녁때였다. 호수의 수면은 석유처럼 검었다. 우리가 탄 카누는 노란색이었다. 수년 전에 유리섬유로 만든 것이라 낡고 불안정했다. 카누를 물에 띄운 뒤, 우리는 노를 집에 두고 왔다는 것을 깨달았다. 그러다 두 개의 널판자를 발견하고 그것으로 노를 삼아야겠다고 생각했다. 하지만 길이가 너무 짧았다. 둘 다 1미터도 안 되었다.

그럼에도 우리는 그 짧은 널판자를 노처럼 저어서 호수 위로 나아갔다. 욘이 앞에 앉고 나는 뒤에 앉았다. 우리는 구명조끼도 안 입은 상태였다. 게다가 우리가 거기에 있다는 것을 아는 사람은 아무도 없었다. 만일 카누가 뒤집히면 물에 빠져 죽을 수도 있었다. 보통 사람이 빙점에 가까운 물에서 몇 분 이상을 버티기는 어렵지만, 열여덟 살 소년들은 그런 것 따위 개의치 않는다. 그들이 못할 일은 아무것도 없기에 자신 앞에 펼쳐진 무한한 가능성을 포기하는 것은 생각할 수 없는 일이다.

나는 그 호수를 잘 알았다. 그곳은 어머니가 태어난 농장의 가장자리에 있는 바로 그 호수였다. 그 작은 오두막에서 그 호수를 볼 수 있었다. 수년 전, 할아버지는 내게 그 호수의 물길을 알려주었다. 물에도 길이 있기 마련이다. 비가 내리고 수면이 평평해지면, 호수 위로 길의 궤적들이 선명하게 그려졌다. 그 궤적들은 수면의 다른 나머지 부분보다 더 짙게 나타났고, 이상한 형태로 서로 엇갈렸다. 할아버지는 그것을 길이라고 했다. 나는 할아버지의 말을 이해하지 못했다. 아무도 그 길을 만들지 않았고, 그 길을 따라 호수를 건넌 사람도 없었기 때문이다.

욘과 나는 호수를 가로지르며 노를 저었다. 우리는 등뒤로 농장에서 새어나오는 불빛을 보았다. 그러나 농장의 오두막 위로는 모든 것이 어둠에 잠겨 있었다. 호수 건너편에서 우리는 고속도로와 한 작은 해변 마을로부터 흘러나오는 불빛을 볼 수 있었다. 하지만 그 마을은 10킬로미터 넘게 멀리 떨어져 있었고, 우리가 가려던 방향이 아니었다.

카누에는 불필요한 것들로 가득했다. 심지어 여동생의 남자친구에게 잠깐 빌려온 산탄총 한 자루도 있었다. 우리는 다음날 사냥을 할 계획이었다. 비록 둘 다 무기에 대해서는 아무것도 몰랐고 총을 쏠 수 있을지도 몰랐지만 말이다.

우리는 노를 저어 더 깊은 곳까지 나아갔다. 몸이 얼 것 같았지만 계획한 여행을 하고 있다는 사실에 행복해했다. 노로 삼은 널판자가 물살을 가르는 소리와 노를 번갈아 저을 때 수면 위로 올라온 널판자에서 물방울이 떨어지는 소리 말고 다른 소리는 아무것도 들리지 않았다. 잠시 후, 섬 하나가 우리 카누 앞에 정면으로 나타났다. 큰 섬은 아니었지만 불쑥 높이 솟아 있었다. 우리는 험준한 바위들 사이로 소나무가 여기저기 흩어져 있는 것을 어렴풋이 볼 수 있었다. 땅바닥은 빌베리bilberry 관목들로 두텁게 덮여 있었다.

욘은 그 섬에서 그날 밤을 새우자고 제안했다. 우리는 몸이 뻣뻣하게 얼은 상태여서 더이상 노를 저을 엄두를 내지 못했다. 가능한 한 물가에서 멀리 떨어진 섬 한가운데로 가서 바위가 노출된 장소 옆에 몸을 녹일 수 있는 좋은 자리를 발견했다. 겨울에 개빙開氷구역open water*에 가까이 있을수록 기온이 점점 더 내려간다는 사실을 우리는 잘 알고 있었다.

우리는 불을 피우고 위스키를 마셨다. 그때 우리 둘 중 누가 먼저 위스키를 마시기 시작했는지 기억나지 않는다. 아무튼 우리는 그날 밤 위스키를 마셨다. 텐트를 가져오지 않았기 때문에 땅바닥에 바로, 관목 위에 침낭을 펴고 잤다. 내 생에 그날 밤보다

* 얼음이 얼지 않아 배를 몰고 나아갈 수 있는 구역.

더 추운 밤을 보낸 적은 없다. 우리는 겨울에 야외에서 밤을 보내는 방법에 대해 전혀 알지 못했다. 우리가 가져온 침낭은 너무 얇았다. 몇 년 동안 가방 안에 침낭을 꽉 눌러 넣어두었기 때문에 침낭 속 섬유질이 압축되어 단열 기능을 잃어버린 것이다. 그 섬에는 밤새도록 불을 피울 만큼 충분한 장작도 없었다.

물론 사냥 계획은 취소되었다. 우리는 다음날 새벽 동쪽 하늘 저편을 가로지르는 한줄기 어스름한 불빛 속에서 어제 출발했던 지점으로 되돌아가기 위해 왔던 길을 거슬러 노를 저었다. 누구도 입을 떼지 않았다. 나는 우리가 이전에 자신했던 것처럼 숙련된 야생탐험가가 아니라는 사실을 그때 비로소 깨닫지 않았나 생각한다. 우리는 완전히 아마추어였던 것이다.

나는 아직도 그때 찍은 사진 한 장을 가지고 있다. 지금 그 사진은 색이 바래지고 모서리가 구겨졌다. 사진 속 욘은 정중앙에서 관목 덤불에 무릎을 꿇고 오른쪽 어깨에 엽총을 기댄 채 한 손으로 위스키병을 들고 있다. 카메라 플래시로 환히 드러난 그의 얼굴은 창백하고 사뭇 진지해 보인다. 그는 검정 베레모를 쓰고 겨울 하늘 저편을 응시하고 있다. 그는 열여덟 살이다. 그 나이 때에는 누구나 자기 능력에 무한한 신뢰를 느끼기 때문에 어떤 것을 배운다는 것에 전혀 관심이 없기 마련이다.

그로부터 많은 세월이 흘러 다시 함께 모험을 찾아 오슬로에서 북쪽으로 가는 기차에 올라탄 욘과 나는 그 시절 카누 여행의 기억을 떠올렸다. 하지만 우리 맞은편에 앉은 파카를 입은 중년 남자가 우리의 회상을 방해했다. 그는 우리가 배낭에다 고어텍스 등산복과 두터운 등산화 차림인 것을 알아채고는 고개를 갸우뚱했다. 그러고는 도보여행을 가는 거냐고 물었다. 우리가 도보여행을 가는 중이라는 것은 명백했다. 하지만 그는 우리 모습을 보고도 묻지 않을 수 없었던가보았다. 우리는 그렇다고 고개를 끄덕였다. 그는 우리가 얼마나 멀리 가는지 알고 싶어했다. 텐트는 챙겼는지, 자주 도보여행을 다니는지, 지금 가을인데 춥지는 않은지, 어느 길로 갈지는 정했는지 계속해서 물었다.

노르마르카는 총면적이 430제곱킬로미터가 넘는 오슬로 인근의 산림지대다. 오늘날 유럽의 대도시 가까이에 그렇게 거대한 야생지대가 있다는 것은 정말 전무후무한 아주 특별한 혜택이라 하지 않을 수 없다. 노르마르카는 전형적인 북극 근처의 침엽수림으로, 오로지 아한대 기후에서만 존재하고 북아메리카대륙에서 북유럽을 거쳐 시베리아로 이어지는 벨트지대를 형성하는 숲 형태다.

노르마르카숲은 1800년대 중반 이래로 사냥꾼, 낚시꾼, 도보여행자들에게 인기 높은 지역이었다. "프릴루프츨리브"라는 스칸디나비아철학이 노르웨이에서 위력을 떨치기 시작한 것이 바로 그때쯤이었다. 그 개념은 자연을 사랑하는 북유럽 국가 사람들에 뿌리를 두고 있다. 그들 가운데는 극지 탐험가들이 많이 있다. 프

"노르마르카는
총면적이 430제곱킬로미터가 넘는
오슬로 인근의 산림지대다."

릴루프츨리브는 규칙적으로 야외생활의 자유를 대개 남들과 함께 누림으로써 자연을 사랑하고 자연과 인간의 삶을 연결시킬 것을 암시한다. 1800년대 말, 스키 타기, 특히 크로스컨트리 스키는 노르웨이에서 큰 인기를 누렸고, 도시 거주자들은 겨울철 취미 활동을 위해 노르마르카를 매우 빈번히 찾았다.

이 숲을 가로지르는 최초의 스키 지도는 1890년에 그려졌다. 그것은 그 지역에 대한 최초의 스키 지도일 뿐 아니라, 세계적으로도 최초였다. 그 지도를 그린 사람은 오슬로, 당시에는 크리스티아니아Christiania의 도시계획 담당관이었던 엔슈트 비에르크네스Ernst Bjerknes였다. 비에르크네스는 자신의 책 『스키, 자전거, 스케치북Med Ski, velosiped og skissebok』에서 당시에 그 숲을 통과하는 길을 찾기가 얼마나 어려운지, 따라서 걸어 다니거나 스키를 탈 수 있는 길을 조성하는 것이 얼마나 시급한 일인지를 설명한다.

> 그때까지 산길을 새로 개척하거나 스키 타는 경로를 표시하는 것에 대해서 말하는 사람을 본 적이 없다. (…) 그래서 나는 노르마르카숲의 스키 지도가 매우 유용할 수 있을지도 모르겠다는 생각을 했다. (…) 나는 여기저기 돌아다니며 사람들이 스키를 타고 다닐 수 있는 크고 작은 길에 대해서 물어보았다. (…) 수소문해서 얻은 정보에 따라 실제로 통행 가능한 길인지 알아보기 위해 직접 가보고 그 길들을 지도에 빨강 선으로 그었다. 그것은 번거롭고 힘들지만 즐거운

일이었다.

비에르크네스는 스키 코스를 잘 정비해서 일반 대중들이 그곳을 쉽게 찾아서 스키를 탈 수 있도록 지도에 표시했다. 그 길은 지금도 많은 사람들이 이용하고 있다. 오늘날 노르마르카숲에는 전 지역을 종횡으로 달리는 스키 코스들이 있다. 그 지역은 이제 오슬로에 사는 많은 주민, 사냥꾼, 낚시꾼, 도보여행자, 스키 타는 사람들에게 없어서는 안 될 녹지 공간이다.

도시 경계에서 몇 킬로미터 벗어나자, 눈에 보이는 주택들의 수가 줄어들기 시작했다. 잠시 후 우리는 시골 지역을 지나고 있었다. 오슬로는 전원지대와 얼마 떨어지지 않은 바로 그런 자리에 위치하고 있었다. 오슬로는 녹지 공간이 넓은 반면 인구는 그다지 많은 않은 대륙의 주변부에 위치한 유럽 국가의 수도다.

기차 밖의 기온은 빙점을 막 넘었다. 가을 안개가 두터운 담요처럼 나무 꼭대기 위를 덮었다. 낙엽수들은 빨강과 노랑물을 들이고 어슴푸레 빛났다.

우리는 숲과 인접해 있는 역에 도착하자 기차에서 내렸다. 승강장에서 노르마르카숲 쪽을 바라보았다. 미리 알아본 바에 따르면, 숲의 중심부로 들어가기 전에 우리 앞에 보이는 키 큰 전나무로 덮인 나지막한 산들을 가로질러가야 했다. 숲의 중심부에 도달하는 것이 바로 이번 우리 여행의 핵심이었다.

우리는 현지의 식료품점에서 빵과 오픈 샌드위치 재료, 수프, 견과류를 샀다. 그것들은 가벼워서 들고 가기 쉬우면서 열량이 높은 음식이었다. 가게를 나오기 전, 장비를 재점검하고 마지막으로 지도를 한번 더 확인했다. 그런 뒤, 우리는 지도를 접어서 각자의 시계, 휴대폰, 나침반, GPS와 함께 배낭 맨 밑바닥에 잘 챙겨넣었다. 이것들을 다음날 저녁에 야영지에 도착할 때까지 다시 꺼내지 않을 생각이었다. 우리는 앞으로 이틀 동안 우리 자신의 방향감각을 믿기로 했다. 나는 미리 내 휴대폰에 GPS 앱을 내려받아놓았다. 그것은 우리가 다음날 저녁에 도착할 장소의 정확한 위치를 알려줄 뿐 아니라, 그동안 우리가 걸어온 방향에 대한 자세한 정보, 즉 걷는 데 걸린 시간, 걸어온 경로 같은 것을 제공할 것이다. 우리의 목표는 가능한 한 목적지까지 일직선으로 걷는 것이었다.

우리는 지도를 배낭에 넣기 전에, 첫날 목적지로 정한 곳까지 몇 킬로미터쯤의 지형과 방향, 고도 변화를 머릿속에 외우느라 애썼다. 왼쪽으로는 직선거리로 약 5~6킬로미터 떨어진 데에 우뚝 솟아오른 산등성이가 하나 있었다. 이 산등성이는 출발지점에서 정북 방향에 있었는데, 걸어서 해가 지기 전에 그곳에 도착할 수 있다면, 다음날 해가 이동하는 경로를 따라 남쪽으로 길을 찾아갈 수 있을 것이다. 어떻게든 목적지에 도착할 수 있다면, 우리는 그 뒤에 다시 출발한 이곳으로 되돌아올 것이다.

식료품점 밖에는 구세군 기관지 「구세공보Krigsropet」를 파는 사람이 서 있었다. 그는 빨간색 견장을 단 검은 제복을 입은 고령의 남자였다. 모자를 쓴 그는 온화한 미소를 지었다. 나는 그의 모습과 그 얇은 책자를 번갈아보며 그가 타인에게 봉사하는 영적 수양의 삶에 헌신하기로 한 사람임을 알 수 있었다.

정도正道. 좁은 길. 길은 하나의 완벽한 은유다. 그것은 세상 사람들의 감정과 바람을 모두 담을 수 있다. 불신과 믿음, 탄생과 죽음, 생각, 희망, 구원에 이르는 길, 미지의 세계로 들어가는 길, 여행의 시작과 끝. 길은 삶 자체를 형성하는데, 그 삶은 서구 기독교 유산의 형태로 나타날 수 있다. 거기서 삶은 태어나서 죽는 날까지의 여행이다. 인류의 역사는 창조에서 최후의 심판의 날까지의 여정인 것이다.

우리는 죽은 사람들을 말할 때 그들이 "떠났다"거나 "마지막 여행길에 올랐다"고 표현한다. 우리는 "우리의 생각을 이리저리 떠돌게 한다"거나 "어떤 다른 이들의 발자취를 따라 걷는다" "먼 길을 나서다" "차츰 잦아들다"* "상도常道를 벗어나다" 같은 표현도 많이 쓴다. 길의 개념을 끌어다 쓴 표현은 모든 언어에 수없이

* 영어로 trail off는 직역하면 길에서 멀어진다는 뜻으로, 따라서 말소리가 점점 작아진다는 의미이다.

많다.

미국 작가이자 철학자인 랠프 월도 에머슨은 『자연Nature』이라는 수필집에 이렇게 썼다.

> 산과 파도 그리고 하늘은 우리가 그것들을 우리의 생각을 대변하는 상징으로 쓸 때 그것에 대해서 의식적으로 부여하는 의미 외에는 아무런 의미도 없을까? 세상은 상징으로 가득차 있다. 우리가 쓰는 말의 일부는 은유들이다. 자연 전체가 인간 정신을 은유한 것이기 때문이다.

실제로 길을 은유해서 쓰는 말이 길 자체의 의미보다 더 자주 쓰인다. 구글에서 "길"이라는 단어를 검색하면, 물리적인 의미의 길보다 종교적이거나 정신적인 의미의 길과 관련된 언급이나 자료, 즉 요가, 명상, 마음수련 같은 내용들이 수없이 많이 나온다.

노르웨이 벌목꾼이자 시인인 한스 뵐리Hans Børli는 자신의 일터이자 인생의 오랜 시간을 보낸 숲에서 시에 대한 영감을 끌어냈다. 뵐리의 시에서 길은 하나의 은유이자 구체적인 물질적 대상이다. 그는 숲의 시인이라는 칭송을 받았는데, 그의 시에 "길"이라는 단어가 70퍼센트 넘게 나오는 것을 볼 때, 그가 자신의 일터인 숲과 긴밀한 관계를 맺고 있다는 것은 틀림없는 사실이라고 할 수 있다. 뵐리에게 길은 단순히 A라는 곳에서 B라는 곳으로 가는 통로가 아니었다. 그것은 과거로 가는 장소이자 그것과의 연결고리이기도 했다.

세계적인 종교들은 모두 길을 은유로 사용한다. 힌두교에는 인간 해방에 이르는 네 개의 길이 있다. 불교에는 평온과 깨우침에 이르는 팔정도八正道*가 있다. 유대교에는 율법을 총체적으로 표현하는 할라카halacha라는 용어가 있는데, 그것은 본디 "걸음걸이 또는 걷는 방식"을 뜻한다. 이슬람교의 다섯 개 기둥 가운데 다섯번째 마지막 의무인 핫즈hajj는 성지순례를 말한다. 성경에서 예수는 이렇게 말한다. "나는 길이요, 진리요, 생명이다."

길에 대한 은유적 암시들은 의미하는 바가 명백하고 이해하기 쉽다. 어느 면에서 인생은 모두 올바른 길을 선택하는 문제에 대한 것이기 때문이다. 이것은 날마다 우리가 붙들고 씨름하는 바로 그것이다. 그리고 그것은 또한 우리가 자식들에게 가르치려고 애쓰는 것이기도 하다. 모든 문제의 핵심은 결국 선택이다. 스스로에게 충실하고 자기 자신의 길을 만들어가는 것이다. 길을 은유한 것들은 우리에게 다수가 생각하는 것들과 단절할 것을 요구한다. 성경(마태오의 복음서 7장 14절)에 따르면, "(…) 생명으로 이끄는 문은 얼마나 좁고 또 그 길은 얼마나 비좁은지, 그리로 찾아드는 이

* 열반의 경지에 이르기 위한 여덟 가지 수행.

들이 적다".

이 길은 좁은 길이다. 그 길을 택하는 것은 희생과 결단, 믿음을 요구한다. 길은 앞으로 나아갈 진로이며 우리의 목표는 간단하다. "길을 잃거나" "잘못된 방향으로 간" 사람은 파멸의 길로 나아가기 마련이다. 심지어 전쟁과 관련된 어휘 가운데 길을 은유하는 것도 있다. "출정의 길on the warpath"에 있다는 것은 어떤 사람이 저항중에 있다는 것을 암시한다. 그것은 적대적인 마음이 있다는 것이며 멸망의 길로 가고 있음을 의미한다.

노란 숲속에 두 갈래 길이 있었습니다.
하지만 안타깝게도 두 길을 다 갈 수는 없기에,
한참을 우두커니 홀로 서서 덤불 속으로 꺾여 들어간 한 길을
눈길이 닿는 데까지 멀리 내려다보았습니다.

그러고는 똑같이 아름다운 다른 길을 갔습니다.
그 길은 풀이 우거지고 인적이 드물어 보였기에,
아마도 그 길을 더 걷고 싶었나봅니다.
사실 길에 남겨진 사람의 흔적을 말한다면,
두 길 모두 거의 같을 것입니다.

그날 아침도 두 갈래 길은 그대로 있었습니다,
사람의 발길이 닿지 않은 낙엽들로 덮인 채.
오, 나는 또다른 날을 기약하며 첫번째 길을 남겨두었습니다!
그러나 길이 어떻게 다른 길로 이어지는지 알기에,
내가 다시 돌아올 수는 있는지 모르겠습니다.

오랜 세월이 흐른 뒤 어딘가에서
나는 한숨을 내쉬며 이렇게 말하겠지요.
숲에 두 갈래 길이 있었는데, 나는—
나는 사람들이 잘 가지 않은 길을 택했고,
그리고 그것이 내 모든 것을 바꾸었다고 말입니다.[9]

「가지 않은 길The Road Not Taken」은 미국 시인 로버트 프로스트가 지은 세계에서 가장 유명한 시 가운데 하나다. 이 시는 내가 처음 그것을 읽었을 때 내게 말을 건넸지만 그때 나는 그 시가 던지는 메시지를 잘못 이해했다. 이런 일은 이 시를 읽는 많은 사람들에게 일어난다. 사람들은 이 시를 대개 은유적으로 해석한다. 그리고 나는 이 시를 읽는 사람들이 무의식적으로 그렇게 한다고 생각한다. 사람들은 이 시를 우리가 인생에서 가장 기본적인 일이라고 믿고 바라는 것, 즉 올바른 길을 선택하는 일을 상징한 것으로 여겼다. 또 그 길은 언제나 좁다. 이 시는 1916년에 처음 발표되었을 때 사람들의 심기를 건드렸다. 그런 상황은 사실 오늘날까지도 계속 이어지고 있다. 이 시를 읽는 많은 사람들은 이 시가 자신만의 길을 가기 위해 그래서 스스로에게 솔직해지기 위해 "사람들이 잘 가지 않은 길"을 선택하라고 한다고 이해한다. 그러한 메시지는 청년 시기를 마치고 이제 막 성인이 된 사람들에게 던지는 연설에 들어가는 말로 적격이다.

현대인들이 「가지 않은 길」이라는 시를 가장 많이 이해하는 방식이 이렇다고 볼 때, 로버트 프로스트가 그 시를 쓸 때 그런 의미를 마음에 담고 있지 않았다는 사실은 뭔가 역설이 아닐 수 없다.

이 시는 네 개의 연으로 구성되어 있다. 그러나 가장 많이 인용되는 구절은 4연의 마지막 3행부터이다.

숲에 두 갈래 길이 있었는데, 나는—
나는 사람들이 잘 가지 않은 길을 택했고,
그리고 그것이 내 모든 것을 바꾸었다고 말입니다.

그 시를 분석한 영문학 교수인 로버트 패건Robert Faggen은 그것을 개인의 자유의지를 표현한 것으로 보지 않는다. 그것은 오히려 결정론을 표현한 것이라는 게 패건의 생각이다. 패건의 분석이 옳다면, 시에 나오는 화자가 어떤 길을 선택해야 할지 확신하지 못하게 만드는 것은 그에게 선택의 자유가 없다는 말이다. 실제로 그 시에 나오는 화자는 선택의 자유가 없다. 그는 타고난 의심이 많은 사람이다. 의심은 그의 가장 기본적인 특성이다. 로버트 프로스트가 처음에 이 시를 지은 것은 시인 에드워드 토머스Edward Thomas를 짓궂게 놀리기 위해서라는 이야기가 있다. 토머스는 무엇이든 결정을 내리는 것을 늘 힘들어했다. 「가지 않은 길」이라는 시를 읽은 대다수 사람들이 그랬던 것처럼, 토머스도 그 시가 말하는 역설을 전혀 이해하지 못하고, 그냥 친구에게 당한 모욕으로 받아들였다.

로버트 프로스트의 전기작가인 로런스 톰슨Lawrance Thompson은 그의 시에 나오는 화자가 습관적으로 자기 정력을 낭비하는 사람이라고 말한다. 그는 자신이 내린 결정에 대해서 모두 후회하고 자신이 반대로 결정을 내린 것에 대해서 탄식하기 때문이다. 그는 또한 프로스트가 자주 그 시의 화자가 자기 친구 에드워드 토머스를 모델로 했다고 말하곤 했다고 주장한다. 프로스트 본인의 표현에 따르면, 토머스는 "그가 어떤 길을 선택했든, 그는 반드시 다른 길을 선택하길 바랐을" 사람이었다.

노르마르카숲이 마침내 우리 앞에 나타났다. 우리는 아스팔트 도로를 건너서 숲으로 들어갔다. 욘이 앞장서고 내가 뒤따랐다. 서쪽으로 가서 산등성이에 오를 작정이었지만, 해가 기울기 전에 오르려면 그다지 시간 여유가 많지 않았다. 우리가 비탈길을 오르고 있는 한, 그 길이 서쪽으로 향하고 있기를 바랐다. 그리고 우리가 정한 산등성이 꼭대기에 올랐을 때, 숲의 내부를 더 깊숙이 볼 수 있는 전망이 나오기를 바랐다. 거기서부터 우리는 앞으로 걸어갈 경로를 상세히 조망할 수 있을지도 몰랐다. 목적한 산등성이 꼭대기까지 시간이 얼마나 걸릴지 판단할 수 없었다. 산행 속도는 내가 예상했던 것보다 더 느렸고 비탈길을 오르는 걸음걸이는 훨씬 더 힘들었다.

길은 혼돈 속의 질서다. 그것이 무엇을 의미하는지는 길이 없는 숲을 걸어서 통과한 사람만이 알 수 있다. 특히 그 숲이 크다면, 그 의미를 알 가능성은 무한대다. 그 숲에서 당신은 어느 방향이든 선택할 수 있다. 하지만 당신은 어느 길을 갈 것이고 거기서 무엇을 만날 것인가?

길의 기능은 나아갈 진로를 알려주는 것뿐 아니라, 결정해야 할 경우의 수를 줄여준다. 이런 연유로 길은 어떤 다른 풍경보다 나무가 우거진 환경에서 훨씬 더 중요한 가치를 가진다. 미국의 여행작가 빌 브라이슨은 일찍이 조지아주에서 메인주까지 이어지는 장장 3,500킬로미터에 이르는 애팔래치안 트레일을 걷기로 결정했다. 그가 그 도보여행길에 도전했을 때, 그 코스는 세계에서 가장 긴 도보여행 구간으로 알려져 있었다. 그는 저서 『숲속 걷기: 애팔래치안 트레일에서 미국의 재발견A Walk in the Woods: Rediscovering America on the Appalachian Trail』*에서 숲을 어떤 다른 장소와도 비교할 수 없는 곳으로 묘사한다. 숲은 3차원 공간이다. 나무들이 하늘을 덮고 주위를 둘러싸기 때문에 사방으로 시야가 막히는 곳이 숲이다.

멀리서 숲을 바라본다면, 그것은 일개 정원처럼 평평하고 건조하고 정돈되어 보인다. 지도에 초록색으로 표시되는 부분과 별반 다르게 보이지 않는다. 그것을 보고 숲을 통과하는 것이 어렵지 않다고 생각하지만, 막상 숲에 들어서면 곧바로 그런 섣부른 생각을 버리게 된다.

노르마르카숲은 평평하지도 건조하지도 정돈되어 있지도 않았다. 그곳은 나무와 풀이 빽빽하게 들어차 있고 가파르고 물이 많았다. 사방에 산재한 거대한 바위, 쓰러진 나무, 반쯤 썩은 낙엽들로 덮여 미끄러운 뿌리, 늪지의 물컹거리는 진흙땅 같은 것들은 우리의 기력을 소진시켰고, 숲길을 걸어갈 때 나무들은 우리 머리

* 국내에서는 『나를 부르는 숲』으로 번역 출간.

위로 가을의 마지막 잎사귀들을 떨어뜨렸다.

우리는 10분마다 걸음을 멈추고는 몸을 돌려서 왔던 길로 되돌아갔다. 우리가 얼마나 오래 걸었는지, 얼마나 빨리 왔는지, 방향은 제대로 잡고 가고 있는 건지 전혀 알 수 없다. 욘은 옛날 사람들이 자신이 있는 위치를 파악하기 위해서 개밋둑을 활용했다고 말했다. 나도 그것에 대해 들어본 적이 있다. 그래서 우리도 그렇게 해보기로 했다. 사방에 개밋둑이 있었다. 하지만 우리는 그동안 전해들은 것처럼 개밋둑이 항상 나무의 남향으로 세워지는 것은 아니라는 사실을 곧바로 깨달았다. 개밋둑은 나무를 중심으로 동서남북 사방 모두 쌓여 있었다. 따라서 개밋둑을 방향을 알아내는 표지로 사용하는 것은 쓸모없는 일이었다.

욘은 "이런 날은 어떤 것도 믿을 수 없어, 개밋둑조차도 말이야"라고 중얼거렸다. 그는 다시 걷기 시작했다.

우리는 산비탈을 따라 지그재그로 올라갔다가, 강물이 흘러가는 것처럼 구불구불 산등성이를 걸어갔다. 시간이 흐를수록 욘이 나보다 방향성이 더 뛰어나다는 것이 점점 더 명백해졌다. 그는 방향감각이 훌륭할 뿐 아니라 주의력 또한 뛰어났다. 그는 지형을 읽을 줄 알았다. 그는 잠시 멈춰 서서 주변을 살피고 고개를 갸우뚱거리다 하늘을 쳐다보곤 했다. 반면에 나는 금방 집중력을 잃었다. 이런저런 생각이 끊임없이 떠올라 정신을 어지럽혔다. 욘이 앞서가다 갑자기 멈춰서 이제 어느 길로 가야 할지 물을 때면 대개 나는 10분에 한 번꼴로 길과는 무관한 딴생각에 빠져 있곤 했다.

며칠 전, 나는 노르웨이 오리엔티어링 국가대표팀 코치인 케넷 부크Kenneth Buch를 만났다. 내가 그에게 만나자고 전화를 건 까닭은 오리엔티어링이라는 스포츠에 대해서, 다시 말해서 경기에 참여한 주자에게 필요한 신체적 조건, 그리고 그보다 훨씬 더 중요한 정신적 측면에 대해 함께 의견을 나눌 수 있는지 물어보기 위해서였다. 이 스포츠는 정신력이 중요한 역할을 한다는 것이 내 주장이었고, 그것은 부크도 동의할 수 있는 논리였다. 오리엔티어링은 극도의 정신력을 요구한다. 경주자들은 모든 고비에서 결정을 내려야 한다고 그는 말했다. 그리고 그는 오리엔티어링에 참여한 아이들이 어른만큼이나 독립적으로 훌륭한 결정을 내릴 줄 안다는 것을 보여주는 연구들에 대해서도 언급했다. 그가 그 이야기를 꺼냈을 때, 나는 로버트 프로스트의 친구 에드워드 토머스를 떠올렸다. 그가 어렸을 때 오리엔티어링 경주자가 아니라 시인이 되기로 결정한 것이 인류에게 얼마나 다행한 일인가. 그가 오리엔티어링을 선택했다면, 그는 정말 끔찍한 경주자가 되었을 뿐 아니라, 「가지 않은 길」 같은 시도 세상에 나오지 못했을 것이다.

오리엔티어링 경기의 기본 규칙은 단순하다. 경주자는 나침반과 기준점들이 표시된 지형도를 가지고 지정된 지형을 탐색하여 특정 위치나 기준점으로 가는 길을 찾아야 한다. 가능한 한 빨리 정해진 순서에 따라 기준점들의 위치를 찾아내는 것이 목표다. 경주자는 달리기 시작하는 방향을 선택할 수도 있다.

일단 경주자들이 저마다의 진로를 결정하면, 그다음으로 그들은 여러 가지 결정을 또 내려야 한다. 목표지점까지 가능한 한 빨리 도착하려면 어떻게 해야 할까? 가능한 한 단순하게 도착하려면 어떻게 해야 할까? 경주자들은 기준점들 가운데 한 곳을 발견하면, 거기 멈춰 서서 다음 기준점으로 가는 방법을 생각한다. 맨 먼저 할 일은 지도를 보고 다음에 가야 할 방향과 코스를 정하는 것이다. 그런 다음, 그들은 다시 달리기 시작한다. 달리는 도중에도 여러 가지 소소한 결정들을 내리는데, 이따금 이전 기준점에서 선택한 길을 돌아가는 우회로를 선택할 때도 있다. 주변 풍경에 따라 여러 조건이 달라지기 때문이다. 숲속 지형은 결코 단조롭지도 예측 가능하지도 않다. 지면의 형태는 다 다르고 시야도 제한되어 있다. 길을 가로막는 장애물들은 도처에 널려 있다. 경주자들은 늘 시선을 전후좌우 위아래로 계속해 움직임으로써 할 수 있는 한 먼 곳까지 내다볼 수 있어야 한다.

현재 부크는 세계에서 가장 뛰어난 오리엔티어링 선수들과 함께하고 있다. 그는 오리엔티어링 능력은 많은 경험을 통해 향상되기 때문에 이 부문에서 절정기를 맞는 선수들의 나이는 다른 많은 부문의 운동선수보다 많은 서른 살 정도라고 내게 설명했다. 훌륭한 오리엔티어링 선수가 되기 위해서는 무엇보다 자연을 잘 이해해야 한다고 그는 말했다. 어떤 나무가 굳은 땅에서만 자라고, 어떤 나무가 무른 땅에서 자라는지 잘 알아야 한다. 어떤 동물이 어느 길로 잘 가는지 알아야 하고 그들의 뒤를 따라갈 줄도 알아야 한다. 동물이나 우리나 생각하는 것이 비슷하기 때문에 장애물을 최대한 피해 갈 길을 찾는 것은 중요하다.

나는 그에게 며칠 뒤 욘과 함께 도보여행을 떠나려고 하는데 뭐든 도움이 될 만한 정보가 있으면 알려달라고 요청했다. 그러자 그가 망설임 없이 말했다. "노르마르카는 나무가 울창한 숲입니다. 다시 말해 시야를 확보하기가 어려울 수 있다는 뜻이지요. 힘들더라도 가급적 언제나 높은 곳에 올라가세요. 높은 곳에 있으면 올바른 결정을 내리고 경로를 선택하기 쉬워요. 그리고 태양을 따라가는 것도 물론 잊지 마세요."

케넷 부크의 말은 이를 악물고 산등성이를 넘을 때마다 내 머릿속에 울려퍼졌다. 우리는 그의 조언을 계속 따르고 있었다. 가능한 한 높은 지점들을 찾아다녔지만, 해를 전혀 보지 못했다. 하늘은 잿빛이었고 구름이 껴 햇볕이 드는 곳을 볼 수 없었다.

날이 어두워지면서 비가 내리기 시작했다. 숲은 점점 어둑하고 침침해졌다. 얼음처럼 찬 빗방울이 하늘에서 떨어졌다. 우리는 거대한 산맥의 정상에 도착했지만 그곳이 당초 우리가 지도에서 찍었던 그 산맥인지 확신할 수 없었다.

그곳이 우리가 목표로 한 그 산맥이 아닐지 모른다는 의심이 스멀스멀 고개를 들기 시작했다. 나는 욘에게 어떻게 생각하는지 물었다. 그는 사방을 주의깊게 둘러보더니 아무 말도 하지 않았다. 나는 그에게 다시 물어보았다. "우리가 그 산맥에 제대로 온 게 맞아?" 그는 "아니, 잘못 온 것 같아"라고 대답했다. 그때 문득 지도를 보고 길을 찾아갈 때의 가장 중요한 원칙 가운데 하나가 머릿속에 떠올랐다.

그것은 아는 지점에서 출발하고 거기서 그다음 지점의 위치를 탐색하는 것이다. 그러나 만일 당신이 어떤 곳에 도착했는데 거기가 어딘지 모르는데다 또 위치가 불명확한 제3의 장소로 이동해야 한다면, 당신은 길을 잃은 것이다. 당신은 여러 가지 소소한 결정을 내릴 것이고, 그사이 조금씩 멀리 길을 비껴갈지도 모른다. 그러다 결국에는 완전히 혼돈과 불확실한 상태에 처하게 된다. 그것은 수학에서의 결과적 오류와 다르지 않다. 수학 문제를 풀 때 처음부터 실수를 저질렀다면 나중에 공식을 제대로 대입한들 정답이 나올 리 없는 것이다.

우리가 처한 상황이 딱 그랬다. 여기가 어디인지 도무지 알 수 없었다. 처음에 불과 몇 킬로미터 안 가서 이미 잘못된 길로 들어섰을지도 모른다고 유추했던 우리는 이제 기존에 알고 있거나 상상할 수 있는 곳이 아닌 미지의 산맥에 와 있었다. 그곳에는 길도 없었고 문명의 흔적도 전혀 찾아볼 수 없었다. 최대한 멀리까지 둘러보았지만 눈에 보이는 거라곤 전나무뿐이었다. 거기에는 아무것도 드러내지 않는, 심지어 고도의 변화조차 보이지 않는 거대한 초록의 장막만이 드리워져 있었다.

빗줄기가 더욱 거세졌다. 날은 거의 완전히 컴컴해졌다. 욘은 현재 위치에서 텐트를 치고 내일 날씨가 개기를 기원하며 기다리자고 제안했다. 그의 말이 떨어지자마자 그렇게 하는 게 확실히 옳다는 생각이 들었다. 계속 가다가는 비에 더욱 흠뻑 젖어 감기에 걸릴 우려만 커지고 목적지에서 더 멀어질 게 분명했다.

우리는 이 예기치 못한 숲속 공간에 텐트를 쳤다. 우리가 어디에 있는지 아무도 몰랐고, 심지어 우리조차 여기가 어딘지 몰랐다. 이전에 누군가 이곳을 다녀갔을 가능성은 없어 보였다. 그럴 만한 곳이 전혀 아니었기 때문이다.

우리는 저마다 서로 문을 마주보게 텐트를 쳤다. 그러고는 각자의 텐트로 기어들어가 젖은 옷을 벗고 침낭 속으로 파고들었다. 잠에 곯아떨어지기 전에, 나는 길에 대해 생각하다가 미국 철학자이자 작가인 헨리 데이비드 소로의 『월든Walden』에 나온 문구가 생각났다. "누구든 이 세계에서 길을 잃게 하려면 눈을 감게 하고 한 바퀴 돌리기만 하면 된다."

다음날 잠에서 깨어 텐트의 지퍼를 내렸다. 바깥 하늘은 파랬다. 아침 햇살은 따스했다. 헤더에서는 김이 올라왔다. 바람 한 점 없는 날씨였다. 가느다란 띠 모양의 하얀 물안개가 아침 햇살에 소리 없이 피어올랐다. 욘은 벌써 일어나 불을 피우고 커피를 끓이고 있었다. 나는 젖은 옷을 끌어당겨 입고 텐트 밖으로 나왔다. "자, 여기." 욘이 커피를 건넸다. 그는 이번 여행의 안내인이자 요리사이기도 했다.

우리는 아침을 먹고 커피를 마신 뒤 모닥불을 껐다. 그러고는 각자 장비를 챙긴 다음, 어디로 걸어가야 할지 경로를 정하는 매우 어려운 과제에 집중했다. 그 순간 해가 동쪽에 떠 있다는 것을 깨달았다. 어느 방향이 남쪽인지 확인할 수 있게 된 것이다. 그런데 우리가 어쩌다 이렇게 깊은 숲속까지 들어오게 되었는지는 아직 파악하지 못했다. 우리는 오슬로와 평행선상에 있는 걸까? 그렇다면 뒤로 돌아 남쪽으로 가야 할까? 아니면 서쪽으로 계속 가야 할까? 이미 그 방향으로 너무 멀리 걸어온 것은 아닐까? 우리는 중간에 중요한 결정을 했다. 그리고 마침내 남서쪽으로 걷는 게 옳다고 생각하고 그 방향으로 걷기 시작했다. 또다시 욘이 앞에 서고 나는 뒤를 따랐다. 숲이 우리가 앞만 보고 나아가도록 우리 뒤를 지퍼로 잠근 것 같았다. 숲은 마치 땅 그 자체인 듯이 두

텁고 고요했다.

나는 이제껏 남반구의 오스트레일리아에서 북반구의 아이슬란드에 이르기까지 많은 길을 걸었다. 문화적 경관도 지나쳤고, 야생의 황야지대도 통과했다. 뜨거운 태양이 작열하는 스텝지역, 축축한 습기로 가득한 열대우림지역, 용암이 부글부글 끓는 화산 꼭대기도 올랐다. 나는 통과하기 어렵기로 알려진 맹그로브밀림 속을 걸었다. 고산지대의 빙퇴석 산등성이도 횡단하고, 어깨 높이까지 자란 초록의 거대한 풀들이 굽이치는 초원지대도 통과했다. 너무나 척박하고 황량하고 뼛속까지 훤히 드러난 것처럼 삭막한 돌이 많은 황무지도 걸었다. 그것은 마치 태초 이전 또는 세상이 끝난 뒤의 땅 위를 가로지르고 있는 것 같았다.

열대우림지역을 걷는 것은 대성당 안을 걷는 것 같았다. 모든 것이 고요하고 냉랭하고 음울했다. 초록의 나뭇가지와 이파리들이 마치 성당의 지붕처럼 아치형 천장을 이루고 있는 밀림 속은 성당의 실내와 같은 신성한 분위기를 자아냈다. 나는 정찬용 접시처럼 커다란 낙엽들을 밟으며 숲 기슭을 걸었다. 마치 호빗hobbit 족처럼 나 자신이 아주 작은 존재라는 느낌이 들었다. 그리고 그렇게 길을 걸으면서 그때처럼 행복감을 느껴본 적은 그 이전에도, 그 이후로도 결코 없었다. 길은 나의 구세주였다. 내가 길을 잃는다면, 숲은 나를 집어삼킬 것이며, 나는 거기서 결코 헤어나오지

못할 것임을 알았다.

맹그로브밀림 속을 걷는 것이 가능하다면 훨씬 더 길이 험난했다. 맹그로브나무는 그 자체가 아주 오랜 세월의 흔적이며 지구상에서 가장 강인하고 변함없는 생명체 가운데 하나였다. 맹그로브와 바퀴벌레. 그 둘은 미래에도 지구상에 생존해 있을 유일한 생명체의 두 형태일 것이다.

한쪽 해변에서 반대쪽 해변까지 걷기를 원했다. 내가 걸었던 맹그로브숲은 매우 작아서 내가 서 있던 곳에서 건너편 해변을 볼 수 있을 정도였다. 숲으로 하나의 작은 길이 나 있었다. 하지만 그 길은 활 모양으로 휘어져 있었다. 나는 그곳까지 빨리 가고 싶었기 때문에 일직선으로 걷기 시작했다. 그러다 10미터쯤 걸었을 때 내 결정이 잘못됐음을 깨달았다. 밀림은 내게 새로운 것이 전혀 아니었지만, 내가 그동안 걸었던 밀림의 나무들은 순종적이었다. 나무가 지나치게 빽빽하게 들어차 있으면, 가지를 옆으로 밀면서 앞으로 나아갈 수 있었다. 하지만 맹그로브는 그런 나무들과 달랐다. 매우 뻣뻣하고 단단한 쇠 같아서 마음대로 구부릴 수 없었다. 내가 숲 건너편에 도달했을 즈음엔 땀범벅이 될 정도로 온몸이 과열되어 있었다. 특별히 열대기후에 적합하게 디자인된 내 반바지와 새로 산 카키색 셔츠는 여기저기 잘게 찢어졌다. 팔과 다리 또한 상처투성이였다. 그때 내 모습은 19세기 탐험가 데이비드 리빙스턴David Livingstone이 중앙아프리카로 여행을 떠났을 때의 모습과 같았을 것임이 틀림없었다. 앞으로 맹그로브숲을 가더라도 거기에 분명하게 표시된 넓은 길이 없다면 절대 지나가려 해선 안 된다는 걸 그때 확실히 깨달았다.

그에 비하면 노르마르카숲에 있는 나무들은 훨씬 고분고분했다. 숲의 공간은 열대우림보다는 많이 트여 있었지만 욘과 내게는 여전히 빽빽하게 우거진 곳이었다. 우리는 주변 환경을 조망할 수 있는 어느 고지에 우연히 올랐지만, 시야가 제한되었기 때문에 별로 도움이 되지 않았다. 다시 숲으로 내려오자마자 눈앞이 캄캄해졌다.

그러고는 계속해서 빠른 걸음으로 새로 나타나는 낮은 산과 능선, 장애물들을 타넘고 늪지대를 피해 돌아가기를 반복해야 했다. 우리가 얼마나 빨리 걷고 있는지, 얼마나 먼 거리를 걸어왔는지 알 길이 없었다. 도중에 블루베리도 따먹고 얼음처럼 차가운 개울에서 물을 마시기도 했다. 한줄기 햇살이 나무들 사이를 밀고 들어왔다. 우리 몸과 나무가 드리운 그림자들이 우리가 걸어가야 할 방향을 가리켰다. 하지만 그림자가 북쪽을 가리키고 있는 지금 시간이 너무 늦은 것은 아닐까? 우리는 아무것도 확신할 수 없었다. 시간 확인은 탐사 여행을 할 때 지켜야 할 가장 중요한 규칙 가운데 하나였지만, 우리는 이번 여행에서 그 규칙을 따르지 않기로 했기 때문에 시간을 확인할 수 없었다.

숲의 바닥은 습기로 흠뻑 젖어 있었다. 아주 오래된 낙엽수들이 여기저기 어지럽게 산재되어 있었다. 그 나무들 아래에는 그동안 사람의 손이 닿은 적이 없어 보이는 살구버섯들이 가물거리는 불길처럼 어슴푸레 반짝거렸다. 초록과 노랑, 갈색과 회색은 덤불들 사이에서 유일하게 볼 수 있는 색깔들이었다. 우리는 사방에서 동물의 자취를 발견했다. 그것들은 개울을 끼고 길을 이루고 있었다. 그곳에는 졸졸 흐르는 물소리와 우리의 거친 숨소리 말고는 아무 소리도 들리지 않았다.

나는 초록의 이끼에 반쯤 덮인 채 백골이 되어 다 부서져나가게 생긴 오래된 두개골에 발이 걸려 넘어졌다. 눈구멍은 컴컴하고 텅 비어 있었다. 어금니들은 납작했고 날카로운 송곳니는 없었다. 그 장면에는 어떤 구슬프고 순수한 무언가가 담겨 있었다. 나는 가던 걸음을 멈추고 그것을 오랫동안 바라보았다. 옛날에 새끼 말코손바닥사슴이 바로 이 장소에서 짧은 생애를 마쳤다. 그 도보여행을 끝낸 뒤에도 몇 달 동안 내 뇌리에는 그 새끼 말코손바닥사슴의 잔상이 계속 남아 있었다.

우리는 사력을 다해 숲을 헤치고 나아갔다. 머리 위의 나무 꼭대기에서는 까마귀들이 일정한 간격을 두고 까악까악 시끄럽게 울어댔다. 나는 때때로 사후세계로부터 온 전령처럼 잉크색 같은 검정 옷을 입고 불안한 시선으로 우리를 굽어보고 있는 그들을 흘끗 쳐다보았다. 까마귀들이 왜 나무 꼭대기에 앉아 있는지는 이해하기 어려운 일이 아니었다. 높은 곳은 지표면에서 볼 수 없는 시야를 확보할 수 있다는 이점이 있었다. 까마귀들은 모든 것을 볼 수 있었다. 하지만 욘과 나는 아무것도 볼 수 없었다. 숲은 그들에게 문제가 아니었다. 까마귀들과 대화를 나눌 수 있다면, 나는 그들에게 공손하게 어디로 가야 할지 방향을 물었을 것이다.

인간은 늘 새를 길잡이로 생각했다. 탐험가들은 지도에 표시되어 있지 않은 지역의 길을 찾기 위해 새들이 육지로 이동하는 경로를 이용했다. 그들은 새들이 계절에 따라 이동한다는 것을 알았고 그들을 따라간다면 머지않아 육지에 도달한다는 것을 이해했다. 폴리네시아 사람들은 여러 해 동안 새들의 이동 패턴을 연구한 뒤, 그들의 뒤를 따라갔다. 바이킹도 마찬가지로 그랬다. 성경에 나오는 노아의 방주 이야기에서 새는 대홍수가 끝난 뒤 육지가 다시 나타났다는 최초의 신호다. 노아는 홍수가 끝나고 바닷물이 빠졌는지 알기 위해 비둘기 한 마리를 날려보낸다. 그러자 비둘기는 올리브 나뭇가지를 부리에 물고 되돌아온다.

나는 만일 큰 숲에서 길을 잃는다면, 머지않아 결국 출발지점으로 다시 돌아오게 된다고 배웠다. 그 사실을 모르는 사람들은 길을 잃으면 늘 같은 곳을 빙빙 돌 것이다. 해럴드 게티Harold Getty는 『지도나 컴퍼스 없이 길 찾기Finding Your Way Without Map or Compass』라는 책에서 그것이 사실임을 확인해준다. 우리가 그렇게 원을 그리며 걷는 것은 나름 몇 가지 이유가 있어서다. 그중에서 가장 중요한 것은 두 다리의 길이가 똑같은 사람은 실제로 없다는 사실이다. 한쪽 다리가 다른 쪽 다리보다 약간 길기 때문에, 사람들은 심지어 그것을 전혀 인지하지 못한 채로 언제나 한쪽으로 돌면서 걷는다. 게다가 눈도 누구나 한쪽 눈이 더 좋다. 또한 배낭을 메고 걷는다면, 배낭 무게 때문에 균형을 잃게 마련이다. 손도 사람마다 주로 쓰는 손이 따로 있기 때문에 걸을 때 한쪽으로 원을 그리며 돌게 되는 요인이 되기도 한다. 따라서 오른손잡이 사람이라면 자꾸 오른쪽 방향으로 걸어가는 경향성을 띠게 된다. 그리고 오른손잡이는 걷다가 장애물을 만나면 무의식적으로 오른쪽으로 피해 지나치게 된다. 마찬가지로 비바람이 부는 날, 바람이 옆에서 들이치면, 바람을 피해 얼굴을 돌리면 비가 등을 때린다. 그렇게 하면서 무의식적으로 비를 피해 가던 길과 반대쪽으로 방향을 틀게 마련이다.

나는 걸으면서 이것에 대해 생각했다. 해가 환히 빛나고 바람 한 점 없는 날이었다. 그런데 욘과 나는 둘 다 오른손잡이였다. 그렇다면 우리는 모르는 사이에 걷기 시작할 때부터 계속해서 조금씩 오른쪽 방향으로 돌고 있었는지도 모르는 일이었다.

방향감각과 자신의 현재 위치를 파악하고 거리를 추정할 줄 아는 능력은 석기시대 인류에게 무엇보다 필수적인 기량이었다.

그런 기량은 오늘날 거의 요구되지 않는데, 어쩌면 그 때문에 우리는 그런 능력들을 잃기 시작했는지도 모른다. 그런 능력들은 인간 두뇌의 가장 희미한 구석으로 밀려나는 바람에, 결국에 인체의 겨드랑이 털이나 남자 젖꼭지처럼 쓸모없는 것이 되고 말았다.

얼마 전에 나는 친구들과 제물낚시를 하러 아이슬란드에 간 적이 있다. 우리는 공항에서 렌터카를 한 대 빌려 아름다운 풍광의 섬을 한 바퀴 돌았다. 일주일 뒤, 나는 다시 우리 일행을 공항까지 안전하게 이끌고 갈 책임이 있었다. 나는 목적지를 입력하고 GPS를 켰다. 부드럽고 침착한 여성 목소리가 우리가 알아야 할 모든 것을 우리에게 알려주었다.

"3킬로미터 앞에 교차로가 있습니다."

"2번 출구로 나가세요."

"6킬로미터 앞에서 방향을 전환합니다."

"왼쪽으로 도세요."

"오른쪽으로 도세요."

차창 밖으로 세상에서 가장 아름답고 독특한 풍경 중의 하나가 휙 지나쳤지만, 나는 그것을 보지 못했다. 나는 마치 그래픽으로 제작된 풍경 속에서 여행을 하고 있는 것처럼 자동차 GPS 화면만 내내 응시하고 있었다. 나는 모험의 섬 아이슬란드 여행자가 아니라 TV 게임 프로 참가자나 다름없었다.

며칠 뒤, 라디오에서 나오는 뉴스를 듣다가 아나운서가 얼마

전 일어난 사건에 대해서 이야기하는 것을 들었다. 그 보도에 따르면, 버몬트에서 세 명의 친구가 비가 내리고 짙은 안개가 낀 날 렌터카를 타고 밖으로 나갔다가 매우 불행한 경험을 했다. 자동차에 설치된 GPS가 얼음이 언 호수로 그들을 안내하는 바람에, 자동차가 호수로 떨어져 수면의 얼음을 깨뜨리고 물속으로 가라앉았다. 다행히 그 친구들은 물에 빠진 차에서 탈출할 수 있었지만, 그 차는 한 주가 지났음에도 물속에서 아직 건져올리지 못했다. 해당 GPS 소프트웨어를 만든 구글은 그 사건에 대해서 아무런 해명도 하지 않았다.

"어느 때고 숲에서 길을 잃는다는 것은 놀랍고도 기억에 남는 일인 동시에 소중한 경험이기도 하다." 헨리 데이비드 소로는 『월든』에서 이렇게 말했다. 리베카 솔닛은 『길 잃기 안내서A Field Guide to Getting Lost』에서 독일 철학자 발터 베냐민이 한 말을 인용한다. "길을 잃는다는 것은 현재 온전히 살아 있다는 것이다."

우리는 스마트폰의 GPS 운용능력을 신뢰할 뿐 아니라, 우리가 길을 잃으면 그 기능이 우리를 구할 것이라고 믿는다. 스마트폰을 소지하고 있는 한 안전하다고 생각하는 것이다. 불과 몇십년 전까지만 해도 아주 흔했던 일—즉, 다른 사람들과 연락할 가능성이 차단된 채 산에 가는 것—이 이제는 정신 나간 행동으로 여겨지는 이유가 바로 여기에 있다. 실제로 스마트폰은 우리가 길을 잃을 수 있음에도 이제는 더이상 길을 잃을 염려를 하지 않아도 된다는 허황된 안도감을 준다. 하지만 당신이 길을 걸을 때, GPS는 지도나 당신의 방향감각, 지형을 읽고 길을 추적할 줄 아는 능력보다 신뢰할 만하지 않다.

위대한 탐험가들은 늘 길을 잃었다. 이전에 아무도 가본 적 없고 따라서 자신들이 어디에 있는지도 전혀 확실치 않은 미지의 세계로 떠난다는 게 탐험의 기본 전제였다. 탐험가들로서는 길을 잃는 게 당연했으므로, 그런 조건 속에 처한 자신들의 상황에 대해서 결코 생각해보지 않았을 것이다. 빙하가 있는 북쪽 끝을 따라간 석기시대 인류가 그랬듯 그것이 그들이 희망했던 조건이었다.

당신은 길을 잃었다는 사실을 언제 분명히 인지하는가? 세상이 너무 커져서 더이상 당신이 그 크기를 가늠하지 못할 때다. 솔닛은 캘리포니아 북아메리카 선주민 윈투Wintu족에 대해서 이야기한다. 윈투족 언어에는 방향을 나타내는 "오른쪽"이나 "왼쪽"이라는 말이 없다. 대신에 그들은 동서남북으로 기본 방향을 표시한다. 윈투족 언어에서 자기 자신에 대한 이해를 가리키는 대명사 "나"는 홀로 존재하지 않고 주변 환경과 관련해서만 존재한다. 산이나 해, 하늘이 없는 "너"는 존재하지 않는다고 솔닛은 말한다.

노르마르카숲에서는 시간이 빨리 지나갔다. 우리는 해가 이동함에 따라 우리의 진로를 조정했다. 여름철이라면 해는 정오에 바로 머리 위에 있을 것이다. 하지만 더 낮게 떠서 더 빨리 하늘을 가로지르는 10월의 해는 지금 어디에 있을까?

우리가 있는 곳이 어디인지 전혀 가늠할 수 없었다. 주변 환경은 모두 똑같아 보였다. 좌우로 우거진 숲과 침묵 말고는 아무것도 없었다. 우리는 지금까지 아무도 본 적이 없는 나무들 아래 펼쳐진 이 같은 공간들—오로지 초목만이 싹트고 자랐다 시들고 사라지며, 소리 없이 비는 내리고 동물들이 은밀하게 지나가는 곳, 인간의 접근을 거부하는 인적 없는 장소들—에 사방이 둘러싸여 있었다. 이처럼 아무 소리도 나지 않는 공간에서 사람들은 다음과 같은 오래된 철학적 질문을 던질 것임에 틀림없다. 숲에서 나무가 쓰러질 때 주변에서 아무도 그 소리를 듣지 못했다면, 그 소리는 실제로 난 것일까, 나지 않은 것일까?

우리는 다른 곳보다 더 높아 보이는 한 언덕배기를 지나갔다. 우리는 밑에 작은 시내가 흐르는 어두운 산골짜기 아래로 내려가고 있었다. 그때 왼쪽으로 이어진 나무들의 꼭대기에 눈길이 닿았다. 욘은 나무를 타고 그 위에 올라가 주위를 살펴보자고 제안했다. 나는 기진맥진한 상태였다. 길을 잃고 걷는 것이 힘들었다. 언덕배기나 산등성이에 오르면 주위를 더 잘 볼 수 있을 거라는 생각을 더이상 하지 않았다. 힘들여 비탈길을 오르는 것이 별로 마음에 들지 않았지만, 욘의 의견을 존중해서 언덕 꼭대기까지 기어올라갔다. 그리고 마침내 거기서 우리는 지금까지 보았던 것 중에 최고의 전망을 선사받았다.

해는 서쪽으로 기울고 있었다. 우리는 거기서 주변보다 더 높아 보이는 한 언덕의 봉우리를 보았다. 그것은 끝없이 펼쳐진 숲 한가운데서 부드러운 저녁햇살을 쬐며 잠들어 있는 공룡같아 보였다. 우리와 그 봉우리 사이에 있는 깊고 넓은 계곡은 전나무들로 덮여 있었다. 그 계곡을 건너가 저 언덕 위로 오르는 데 얼마나 오래 걸릴지 알 길이 없었다. 거리가 3킬로미터가 될지 10킬로미터가 될지 알 수 없었다.

남쪽으로는 물줄기가 흘렀다. 낮게 깔린 저녁햇살에 매혹적으로 반짝거렸다. 우리는 그쪽으로 방향을 정하고 작은 개울을 따라 가파른 골짜기 아래로 계속해서 내려갔다. 내리막길을 걸어가면서 마침내 우리가 다다를 곳이 어딘지 알았다. 이제 얼마 안 남아 보였다. 우리는 곧 텐트를 치고 젖은 옷을 말리고 바위에 앉아서 타닥거리며 타는 장작불 옆에서 푸짐하게 저녁을 먹을 것이다.

골짜기 기슭의 지형은 평평했다. 우리는 우거진 덤불을 헤치며 나아가다 마침내 빈터로 나왔다. 거무튀튀하고 방부 처리되지 않은 통나무 벽체와 물결 모양의 녹슨 철판 지붕을 한 낡은 오두막 한 채가 거기 버티고 서 있었다. 문에 걸린 표지판에는 갈색의 문짝과 대조적으로 흰 북극곰이 그려진 파란색 기장이 보였다. 그 밑에는 이렇게 씌어 있었다.

1941-45년 저항군 100/13001 소대 훈련 야영지(Forlegning for Milorgtropp 100/13001 under trening 1941-45)

그 오두막과 표지판은 노르마르카숲이 2차세계대전중에 노르웨이 저항군 세력을 위한 가장 중요한 은신처 가운데 한 곳이었음을 상기시켜주었다. 이곳은 당시에 그들이 맞닥뜨렸을 거대한 숲의 한가운데 빈터에 있는 통나무 오두막이다. 그들이 몸을 숨기고 파괴 공작을 계획했을 그런 장소다. 이곳으로 이어지는 길은 전혀 찾아볼 수 없었는데, 저항군 병사들이 이 오두막이 발견되는 걸 원치 않았기 때문일 것이다.

몇 분 뒤 호수 수면의 잔물결이 나무들 사이로 반짝거렸다. 우리는 기분이 좋아졌다. 와 하고 함성을 지르고 흥겹게 웃었다. 그러고는 물가를 따라 한가로이 거닐다가 서쪽으로 솟아오른 따뜻하고 매끈한 바위 곶을 발견했다. 우리는 텐트를 쳤다. 바위 곶의 비탈면에 젖은 옷을 말리기 위해 널어놓았다. 먹을거리를 꺼내고 장작을 주워모았다. 어둠이 내려앉았을 때, 우리는 장작불을 환하

게 피우고 각자 배낭 안쪽에 쑤셔넣어둔 시계와 지도, 스마트폰, GPS를 꺼냈다.

그것들이 보여준 정보는 놀라웠다.

스마트폰에 내장된 지도에 나타난 파란색 선은 우리가 그동안 걸은 경로를 표시했다. 그것은 마치 죽어가고 있는 심장병 환자의 심전도 그래프처럼 구불구불 굽이치는 지형도를 그렸다. 그 경로는 끊임없이 지그재그를 그렸고, 단 한 차례도 일직선으로 나아간 적이 없었다. 첫날 우리는 7.5킬로미터를 걸었다. 둘째 날엔 14.5킬로미터를 걸었다. 이틀 동안 모두 14시간을 걸었지만 거리는 22킬로미터를 넘지 않았다. 평균 보행 속도는 시간당 1.5킬로미터 미만이었다. 우리가 평소 걸을 때보다 거의 4배나 느린 속도다.

직선거리로 계산하면, 처음 출발한 기차역에서 현재 위치까지 걸은 거리는 고작 5.5킬로미터에 불과했다. 일직선으로 횡단하겠다는 우리의 목표는 완전히 실패했다. 그것은 우리가 한 걸음 내디딜 때마다 실제로는 옆으로 네 걸음 걸어갔다는 것을 의미했다. 우리는 숲속에서 내내 춤을 추며 다닌 꼴이었다. 앞으로 한 걸음 내딛고는 왼쪽으로 네 걸음, 다시 앞으로 한 걸음, 이어 오른쪽으로 네 걸음씩 걸은 셈이다.

우리는 장작불 옆에 앉아서 주위를 돌아보았다. 어스름한 황혼의 빛이 점점 희미해져가고 있었다. 해가 나무 뒤로 내려앉은 주변의 하늘은 거의 분홍색으로 물들었다. 그 위로는 온통 금방 언 얼음처럼 시퍼런 투명색이었다. 호수는 거울 같았다. 나무들은 빨갛고 노란 빛깔이 반짝이며 일렁거렸다. 초저녁 별들이 모습을 드러내기 시작하자 그 모든 색깔들이 사라졌다. 마치 보이지 않는 힘이 땅속으로 빨아들인 듯이 주위를 아름답게 물들이던 색깔들이 순식간에 자취를 감추었다.

다음날 아침, 우리는 배낭을 챙겨서 오슬로로 되돌아왔다. 그러고도 몇 주 동안 이 특별한 경험이 머릿속을 떠나지 않았다. 그 기억들은 식료품을 사러 가게에 갈 때도, 사무실에 앉아서 뭔가를 쓰고 있을 때도, 그리고 잠들기 바로 직전까지도 수시로 떠올랐다. 나는 길을 잃는다는 것, 그리고 절대침묵 속 고목들이 굽어보는 숲 바닥에서 자기 자신을 발견한다는 것이 무엇인지에 대해서 생각했다. 희미한 불빛, 동물들의 발자국, 가여운 새끼 말코손바닥사슴의 두개골도 생각났다. 그중 두개골의 이미지는 가장 강렬하게 내 속을 휘젓고 있었다. 거대한 숲속, 길도 없는 이 세상 밖 어느 곳, 어쩌면 그 안에서 길이라고 여겨지는 바로 그곳에서, 아무도 모르게 태어났다 죽은 그 말코손바닥사슴은 어느새 사람의 손길이 닿지 않은 야생의 자연 속 내 모습으로 바뀌어갔다.

3부

발자국

길이 생기기 전 발자국들이 있었다. 길은 오로지 수많은 발자국들이 지나간 뒤에 비로소 생겨나고, 그 발자국들은 같은 자리를 밟고 지나간다. 길은 조직적인 이동의 결과이기 때문이다. 하지만 길을 따라가지 않는 동물들, 다시 말해서 기본적인 충동에 따라 행동하거나 잘 알지 못하는 어떤 장소에 먹을거리를 찾아서 별일 없이 그저 주위를 어슬렁거리는 동물들이 만들어낸 발자국들은 모두 무엇인가?

우리 가운데 일부는 동물들의 발자국을 발견하고 읽어내는 능력이 아주 월등하다. 사냥꾼이나 자연을 찍는 사진작가들은 보통의 도보여행자들이 결코 보지 못하는 동물의 발자국을 분간해 낼 줄 안다. 그들은 다른 사람들이 거의 보지 못하는 발자국을 추적할 수 있을 뿐 아니라, 그 발자국의 주인이 누구인지, 그 동물이 어디로 향하고 있는지도 구분해낼 줄 안다. 선주민들은 여러 세대에 걸쳐 자연 속에 남겨진 발자국들을 읽을 줄 아는 능력을 개발했다. 석기시대 사람들은 분명 이런 기술에 통달했을 것이다.

나는 어렸을 때 북아메리카 선주민들에 대한 책과 만화를 즐겨 읽었다. 그들은 모두 훌륭한 추적자들이었다. 그러나 발자국을 해석하거나 따라가는 일을 거의 또는 전혀 경험할 수 없는 오늘날 우리 같은 사람들은 어떠한가? 믿거나 말거나 우리는 지금도 여전히 발자국을 추적할 기회가 있다. 적어도 북극 가까이에 사는 사람들의 경우엔 그렇다. 하지만 그러한 기회는 완전히 날씨에 달려 있다.

욘과 내가 노르마르카숲을 길이 아닌 길을 따라 관통하고 다시 집으로 돌아온 지 두 달이 지났다. 우리는 그때 이후로 그곳에서의 경험이 얼마나 신기했는지, 숲이 우리가 그동안 알고 있었던 것과 어떻게 완전히 다른 모습을 보여주었는지에 대해 여러 차례 전화로 이야기했다. 욘은 그동안에 탐색 기술과 오리엔티어링과 관련된 것은 무엇이든 손에 잡히는 대로 독파해왔다고 했다. 그는 몇 차례 더 그런 탐사를 함께하고 싶다고 했고, 나도 전적으로 동의했다.

새로운 기술은 단순히 책을 통해 접하는 것보다 실제로 직접

해볼 때 훨씬 더 빠르게 체득할 수 있다. 처음에는 연달아 실수하기 마련이지만, 그다음부터는 조금씩 방법을 달리해가면서 어떻게 하면 되는지 서서히 이해하기 시작한다. 욘과 나는 이전에 탐사 여행을 떠났을 때보다 지금 더 길을 잘 찾을 수 있을 거라는 데 동의했다. 또한 1970년대에 텔레비전으로 보곤 했던 만화영화에 나오는 선주민들을 위해 촛불을 들기 전에 아직 그들에게서 배울 게 훨씬 더 많다는 사실에도 뜻을 같이했다. 우리는 돌아오는 여름에 새로운 여행을 해보자며 계획을 짜기로 했다. 하지만 그러자면 먼저 길고 추운 겨울을 견뎌내야 했다.

크리스마스가 다가왔다. 온도계 눈금이 처음으로 영하로 떨어졌다. 나는 산책을 하면서 눈이 내리기를 바랐다. 동물의 이동 모습을 상세히 기록하고 싶어하는 사람에게 금방 내린 눈보다 더 좋은 것은 없다. 아무리 작은 생명체라도 부드럽게 쌓인 눈 위라면 선명한 발자국을 남기기 마련이기 때문이다. 나는 발자국을 남긴 동물들이 무엇을 생각하고 있었을지, 그리고 그들이 어떻게 이동했는지, 어디로 가고 있었는지를 간파하기 위해 그들의 발자국을 따라가볼 생각이었다.

마침내 기다리던 큰 눈이 내린 직후, 나는 모든 일을 내던지고 곧바로 숲으로 내달렸다. 화창한 일요일 오후였다. 전날부터 눈이 내리기 시작해서 함박눈이 도시를 덮었다. 저녁이 되자 구름이 걷히고 내리던 눈이 그쳤다. 기온이 오르자 눈이 녹으며 질척해졌다. 나는 모든 기상 변화를 기록하기 위해 5분 단위로 스마트폰을 확인하면서 항공운항관제사처럼 일기예보에 귀를 기울였다. 그날 밤늦게 잠자리에 들 때도 여전히 기온은 영상이었다. 하지만 다음 날 새벽에 눈을 떴을 때, 기온이 다시 영하로 떨어진 것을 보고 기뻤다. 모든 것이 내가 바라던 대로 되었다. 밤새 동물들이 눈 위에 찍어놓은 발자국들이 지워지지 않았을 정도의 추운 날씨였다. 추측건대, 이른 아침의 결빙 덕분에 동물들의 발자국이 마치 석고붕대처럼 굳어졌을 것이라는 생각이 들었다.

나는 두 달 전 욘과 횡단했던 숲으로 가는 지하철을 탔다.

그 숲의 한쪽 구석에 주차장이 있었다. 내가 도착했을 때, 그 주차장은 차량 지붕 위 짐칸에 스키를 매단 자동차들이 이미 반쯤 차 있었다. 스키복을 입은 사람들이 서로 큰 소리로 유쾌하게 이야기를 나누고 있었다. 제설기는 이미 스키 코스를 정비해놓은 상태였고, 스키를 즐기는 사람들은 스키의 계절이 시작되었다는 사실에 기분이 한껏 들떠 있었다. 크로스컨트리 또는 노르딕 스키 경주처럼 눈 덮인 들판과 산길을 스키를 타고 달리는 것은 노르웨이 사람의 정체성과 매우 밀접하게 관련이 있다. 우리는 이 순간—해마다 첫 스키 여행—을 삶의 가장 중요한 순간의 하나로 생각하는 경향이 있다. 우리가 물려받은 자연유산과 가장 완벽하게 조화를 이루며 살고 있음을 느끼는 바로 그때이기 때문이다.

나는 주차장을 가로질러, 제설기가 만들어놓은 스키 코스에서 멀리 떨어진 나무숲 사이로 몸을 숨겼다. 쾌활한 웃음소리와 새로 꺼낸 스키를 타고 젖지 않은 양질의 눈가루를 뿌려 보강된 눈밭 위를 활강하는 소리가 여전히 오랫동안 귓가에 맴돌다가 서서히 희미해지는가 싶더니 이내 조용해졌다. 사방이 온통 눈으로 덮여 있었다. 가을 내내 서서히 갈색의 벌거벗은 모습으로 바뀐, 어떤 생명의 기미도 보이지 않던 그저 썩어 퇴비로 쓰일 낙엽들로 덮여 있던 주변 풍경이 갑자기 다시 깨끗하게 빛나는 순백의 모습으로 완전히 새롭게 변신했다.

겨울철 상큼하고 햇살 가득한 일요일에 크로스컨트리 스키를 타는 것보다 노르웨이 사람들을 더 기쁘게 하는 것은 거의 없다. 기회가 왔을 때 잘 잡아야 한다. 그 이유는 이해하기 어렵지 않다. 스키를 탈 수 있는 길은 임시로 만들어지는 길이기 때문이다. 그 길은 12월에 만들어졌다가 4월에 사라진다. 눈이 거의 내리지 않는 겨울철도 있는데, 그때는 스키를 탈 수 있는 길이 전혀 만들어지지 않기도 한다.

크로스컨트리 스키를 탈 수 있는 길은 제설기가 만든다. 스키 코스를 나란히 두 개로 만들기도 하는데, 스키를 타는 사람들이 서로 오가거나 나란히 타거나 중간에 잠시 멈출 수 있게 하기 위한 것이다. 노르웨이에서 스키 코스는 대개 간단한 식사를 제공하고 몸을 녹일 수 있도록 난방시설이 있는 대피소들과 연결되어 있다. 스키 코스는 스키를 탄 사람이 어느 곳으로 가고 있는지, 그곳까지 앞으로 얼마나 더 가야 하는지, 돌아올 생각이라면 복귀하는 데 얼마나 시간이 걸리는지를 알려주는 표지판들에 알기 쉽게 표시되어 있다.

스키를 타는 사람들 대다수는 잘 조성된 코스 안에 있기 마련이지만, 제설기로 조성된 숲을 통과하는 코스를 따라가다보면, 예나 지금이나 나무들 사이로 어렴풋하게 사라져버린 것 같은 스키를 타고 지나간 자국들을 보게 될 것이다. 이 길 자국들은 정해진 스키 코스가 아닌 자기만의 코스를 달리고 싶어하는—아마도 미지의 세계에 대한 탐험 욕구, 사회적 불안장애, 정해진 규칙에 대한 반발 같은 다양한 이유로 촉발되었을—사람들이 만든 것이다. 그렇게 고독하게 스키 타는 사람들이 남긴 유일한 흔적은 눈 위에 그어진 두 줄의 스키 자국과 그들이 눈밭을 찍으며 간 일련의 작은 스틱 구멍들이다.

이 아름다운 겨울 아침에 나는 바로 그런 유의 스키 타는 사람이었다. 나는 나만의 길을 만들고 싶었다. 지난밤 눈이 내린 뒤로 어떤 동물과 사람이 얼마나 많이 이 숲을 소리 없이 걸어 통과했는지 내 눈으로 직접 확인하고 싶었다. 거기에 과연 발자국들이 많이 있을까? 아니면, 하나도 없을까? 내가 거기서 무엇을 볼 수 있을지에 대해서 미리 단정하지 않기로 했다.

오래전부터 학자들은 2~3억 년 전에 최초의 생명체가 육지로 기어올라왔다고 믿어왔다. 그러나 얼마 전 폴란드의 남동부고산지대에서 육지생활에 적응한 네발로 걷는 척추동물인 테트라포드tetrapod가 3억 9,700만 년 전에 만든 발자국이 발견되었다.

케냐의 고고학자들은 150만 년 전 것으로 추정되는 발자국들을 발견했다. 그 발자국들은 인류의 조상 가운데 한 종인 호모에렉투스에서 시작된 두 발로 걸어 이동하는 모습을 보여주었다.

두 발로 걷는 생명체들이 남긴 아주 오래된 발자국은 유럽 대륙에서도 발견되었다. 그중에서 가장 오래된 것은 잉글랜드 동부 노퍽Norfolk에서 발견되었는데, 100만 년 전 것으로 추정된다. 이 발자국은 인류 조상 가운데 또다른 한 종인 호모안테세소르의 것이다.

그뿐만이 아니다. 그리스의 크레타섬에서 고고학자들은 570만 년 전 인간의 것으로 추정되는 발자국을 발견했다. 인류의 또다른 먼 사촌뻘인 오스트랄로피테쿠스가 남긴 발자국이다.

나는 고고학자가 아니다. 내가 그 12월 아침에 숲속에서 찾고 있었던 것은 고대의 흔적이 아니었다. 나는 새로운 것, 즉 아직도 우리 가까이에 존재하는 생명체들이 전날 밤 남긴 생생한 발자국들을 찾고 있었다. 나는 어쩌면 그걸 찾으러 여기저기 돌아다녀야 할지도 모른다고 생각했다. 하지만 곧 그 발자국들이 도처에 있음이 드러났다. 불과 몇 시간 전에 눈이 내린 게 맞나 싶을 정도로 엄청나게 많은 동물들이 이 길을 지나갔다. 그리고 숲은 곧바로 도시의 언저리까지 가닿았다. 전날 밤에 무슨 일이 일어났는지 알려주는 표시가 모두 내 앞에 고스란히 펼쳐져 있었다. 눈이 내리지 않았다면 결코 가능하지 않을 일이었다. 가장자리가 날카로운 노루 발자국이 보였다. 말코손바닥사슴은 그보다 더 큰 발자국을 남겼고, 여우 발자국은 더 매끄럽게 생겼다. 토끼 발자국은 누가 보아도 알 수 있었다. 토끼 발자국은 아이들이 과학 시간에 첫번째로 배우는 동물 발자국이었다. 앞과 뒤에 자그마한 발이 두 개씩 있는데, 앞발은 앞뒤로, 뒷발은 나란히 찍힌다. 깡충깡충 뛰는 동물들이 남긴 발자국이 바로 그런 모양이다.

소나무 아래에는 청설모가 그 특유의 발자국을 남겼다. 라이스 푸딩 위에 뿌린 계핏가루처럼 눈 위에 간간이 흩어져 있는 원뿔 모양의 자취들이 그것이다. 또한 들쥐 같은 작은 설치류들의 발자국도 보였다. 그 가운데 몇몇은 폭이 0.5센티미터도 안 되었다. 그 발자국들은 발톱까지 선명했다. 날개를 펄럭이며 눈 위를 돌아다닌 새들의 발자국도 있었다. 일부에선 날아오를 때 눈을 털어내며 날갯짓한 흔적도 볼 수 있었다.

어떤 발자국들은 일직선으로 나 있는 반면에, 또다른 발자국들은 원호를 그리며 굽어 있거나 지그재그를 그리며 숲 바닥을 가로질렀다. 동물들은 때때로 방향을 바꾸기 위해 자리에 멈추기도 했다. 그러다 갑자기 오른쪽으로 90도 꺾어 몇 미터 가다가는 다시 왼쪽으로 90도 꺾었다. 그러고는 약간 뒤로 곡선을 그리며 뭔가를 살피다 다시 오른쪽으로 돌았다. 또 어떤 경우에 새들은 원을 그리며 걷거나 왔던 길로 몸을 돌리거나 되돌아간 모양의 발자국을 남기기도 했다. 나는 새들이 크고 작은 주둥이를 눈 속에 파묻었다 머리를 들어올리고는 허공에 귀를 쫑긋 세우고 공기의 변화를 감지하다 이내 다시 하던 일을 계속하는 모습을 상상했다. 그들 가운데 일부는 봄이나 이른 여름에 태어났을 가능성이 매우 높다. 따라서 이번에 내린 눈이 생애 처음으로 경험하는 눈일 수 있었다.

나는 지난밤 눈이 온 뒤 이 숲에 나타난 최초의 인간이 틀림없었다. 기분이 좋으면서 한편으로는 찜찜했다. 어딘가에 발자국을 남기는 최초의 사람이 된다는 것은 탐험가 같은 기분을 느끼게 하지만, 동시에 내가 누군가에게 노출될 수 있다는 불안을 안겨주기 때문이다. 누군가 우연히 이곳에 온다면, 그들은 내 스키 자국을 발견할 수밖에 없고, 내 뒤를 쉽게 따라올 수 있을 것이다. 어렸을 때 읽은 책이나 만화 속에서 선주민들은 뒤에서 추적해 오는 사람들을 헷갈리게 하기 위해 속임수를 썼다. 걷다가 갑자기 걸음을 멈추고 뒷걸음질로 걸어가는 것이다. 그러면 그들을 뒤쫓던 사람들은 그들이 흔적도 없이 사라졌다고 여기게 된다.

나는 인간이 모르는 미지의 공간에서의 은밀한 삶이 담긴 모든 발자국과 소소한 이야기들에 매료되어 위험을 무릅쓰고 숲속으로 더 깊숙이 들어갔다. 시간이 흘렀다. 오후가 되어 주차장 쪽으로 되돌아가려고 마음먹은 순간, 내가 있는 위치가 어딘지 모른다는 것을 깨달았다. 주변에는 아무도 없었다. 길을 물어볼 사람도 없고 현재 위치를 알려주는 표지판도 전혀 보이지 않았다. 공식적인 도보여행길은 눈 속에 파묻혀 쓸모가 없었지만, 돌아갈 길을 찾는 것은 그리 어렵지 않았다. 주위를 살펴보고 내 스키 자국을 따라 되돌아가기만 하면 되었다.

그날 밤, 눈이 훨씬 더 많이 내렸다. 0.5미터 높이의 눈이 더 쌓였다. 다음날 아침, 나는 다시 탐사에 나섰다. 이번에는 숲으로 들어가지 않고 도시에 머물렀다. 오전 7시밖에 안 되었다. 북반구의 북단에 사는 사람들에게 그 시간은 아직도 날이 밝으려면 몇 시간이 더 걸리는 어두운 때였다.

나는 아침에 일터로 나가는 사람들, 수제정장구두를 신고 나보다 더 중요한 일을 하는 바쁜 직장인들의 걸음걸이 행태를 관찰하기 위해 일찌감치 거리로 나섰다. 나는 그들 대다수가 서둘러 걸을 거라고 짐작했다. 그래서 그들이 아침에 바삐 이동하는 모습에서 어떤 흥미로운 사실들을 발견할 수 있을지도 모른다는 기대를 했다. 이번에 나는 길잡이나 고고학자가 아니라 사회인류학자가 되기로 했다. 내가 이번 관찰을 통해 알고 싶은 것은 사람들이 지름길을 선택하는 성향에 대한 것이었다. 갓 내린 눈으로 덮인 공간에서는 두 지점 사이를 연결하는 기존의 길을 대체할 수 있는, 그동안 감춰져 있던 최단의 경로가 확연히 모습을 드러낸다.

우리는 왜 자주 조경사나 도시계획자들이 원하는 사람들의 이동 패턴을 거부하는가? 그들은 담장과 울타리를 치고, 길에 자갈을 깔고, 표지판을 세우는 것을 좋아하지만, 다 부질없는 짓이다. 사람들은 언제나 자신이 걷고 싶은 곳을 선택해 걸을 것이기 때문이다. 우리는 조경설계자들이 원하지 않는 지역들을 가로지르는 지름길을 택한다. 그것은 획일성과 무조건적인 순응을 거부하는 일종의 소리 없는 저항이다.

나는 아침 출근 시간에 바삐 보도를 걸어가는 직장인들과 그들이 눈 위에 남긴 발자국들을 지켜보았다. "자신의 길을 가다"라는 표현은 이제 더이상 은유적 표현이 아니었다. 그것은 새로운 차원의 세계가 한 꺼풀씩 벗겨지고 있는 것처럼, 구체적이고 현실적인 실제 현상을 말하는 것이었다. 인간의 이동 패턴은 때때로 의식적인 선택의 결과일 때도 있지만, 대개는 무의식적인 경우가 더 많다. 나는 어떤 길을 선택할 것인가? 그 이유는?

『길에 대하여: 탐사On Trails: An Exploration』*의 저자 로버트 무어Robert Moor는 그 책에서 1980년대에 자신이 근무한 대학 교정에서 많은 사람들이 밟고 다녀 닳아버린 오솔길들을 연구하기 시작한 슈투트가르트대학교의 도시계획과 교수 한 사람에 대해서 언급한다. 그 대학교의 녹지 공간은 모두 보도 사이를 건너다니는 지름길이었다. 그 교수는 그 길에 잔디를 새로 깔아 이 지름길을 감추는 실험을 했다. 그가 예상했던 것처럼, 새로 잔디를 깐 길은 곧 사람들이 다시 마구 밟고 다니는 바람에 예전처럼 맨땅으로 바뀌었다.

나도 똑같은 것을 본 적이 있다. 내가 살고 있는 곳에서 멀지 않은 곳에 대학교가 하나 있다. 종종 그곳의 도서관에서 책을 빌린다. 오가는 길에 나는 교정 잔디밭을 가로질러 걸었다. 학생 때에도 가로질러 건넜던 바로 그 잔디밭이었다. 그 잔디밭은 십자 모양으로 엇갈려 깔려 있는데, 학생들이 강의를 들으러 가는 길에 잡담을 나누면서 때로는 두세 명씩 열을 지어 그 위로 계속해서 지나다닌다.

인간은 할 수 있다면, 그리고 그것이 자신에게 이익이 된다고 믿는다면 늘 지름길을 택해서 걸을 것이다. 우리는 무의식적으로, 본능적으로 상황을 평가한다. 도시계획자와 조경사들이 생각해낸

*북미의 애팔래치안 트레일을 완주하고 쓴 책으로, 국내 번역서 제목은 『온 트레일스』.

길 위로 지름길을 냄으로써 나는 얼마나 많은 시간을 절약할 수 있을까? 우리의 두뇌는 간단한 공식을 기반으로 결정을 내린다. 시간과 에너지를 변수로 하는 방정식. 에너지 투입량이 우리가 절약할 수 있는 시간보다 더 작다면, 우리는 지름길을 선택한다. 그 반대라면, 우리는 도시계획자들이 설계해놓은 경로를 따라간다.

이러한 접근 방식은 도시와 주거 환경에서 가장 명백하게 나타난다. 두 개의 포장보도가 45도 각도로 서로 교차하고 그 사이에 잔디밭이 있다면, 사람들은 잔디밭을 가로지르는 길을 내게 되어 있다. 그것이 시간을 절약하고 잔디밭을 가로질러 건너는 데 들어가는 에너지가 전혀 없기 때문이다. 그런 상황에서 사람들은 늘 지름길을 낸다. 우리의 도시와 마을의 설계도를 그리는 것이 직업인 설계사들은 새로운 프로젝트를 시작할 때마다 이러한 인간의 행동을 중요하게 생각해야 한다.

"보행친화성walkability"은 현대의 도시계획에서 중요한 용어다. 그것은 어떤 지역이 보행자들이 걷기에 얼마나 좋은지를 측정하기 위한 수단을 설명한다. 그것을 구성하는 주요 변수로는 주변 환경, 오솔길이나 보도의 존재 여부, 차량 통행량, 보행자 안전도, 보도와 오솔길의 전반적인 조건 같은 것들이 있다.

도시계획자들은 사람들이 계획된 보행 경로를 따라 걷도록 보도 건설 환경을 만들어야 한다. 그래도 사람들은 언제나 자기만의 길을 선택할 것이다. 그들은 불합리하게 보행을 제한하는 방해물을 만나면 저항할 것이다. 우리를 길들이는 것은 불가능하다. 어떤 독재자, 심지어 유치원 교사도 그것을 안다. 나는 이 겨울날 아침 바쁜 출근 시간에 그것이 사실임을 직접 체감했다. 아침 8시, 내가 관찰한 거의 모든 곳이 둘로 나뉘어 있었다. 값비싼 정장구두를 신고 일터로 가는 바쁜 사람들이 밟고 지나간 눈길은 어느새 평평하게 홈이 팬 소로들로 바뀌었다.

정신적
우회로

그해 겨울은 그 어느 때보다 춥고 길었다. 화씨 영하 4도(섭씨 영하 20도)와 거의 칠흑 같은 어둠으로 1월이 시작되었다. 2월이 지나고 3월이 왔다. 인도는 비누칠을 한 것처럼 미끄러웠다. 아이들은 행복해했다. 노인들은 미끄러지고 넘어지면서 넙다리뼈가 부러져 병원에 갔다. 숲속에는 눈이 1미터 높이로 쌓였다. 나는 크로스컨트리 스키를 진절머리가 나도록 탔다. 나는 다시 산보를 나갈 수 있기를 바랐지만, 걸어 다닐 수 있는 곳은 아무 데도 없었다. 태양의 온기가 높이 쌓인 눈을 녹여내릴 수 있을 정도로 따뜻한 3월 말이 되어 새로운 계절을 맞을 때까지는 산보가 불가능했다.

도로에서는 눈이 서서히 녹기 시작했지만, 숲속 길은 아직도 0.5미터 높이로 쌓인 지저분해진 눈 아래 묻혀 있었다. 나는 가만히 앉아 있는 것이 싫증이 났다. 그래서 어느 날 아침 일찍 내가 잘 아는 뒷길을 따라 시내로 걸어나가기로 했다. 그 길은 들판을 가로지르고 농장을 지나 호수를 끼고 돌아 숲이 우거진 지대를 따라 나 있었다. 그날 목표는 10.5킬로미터를 시내까지 걸어갔다가 다시 집으로 되돌아오는 것이었다. 그러면 총 21킬로미터를 걷게 되므로 거의 단축마라톤을 뛰는 것이나 다름없었다. 이번에는 가능한 한 빠른 속도로 걸을 생각이었다. 이 도보 외출은 석 달 만에 처음 걷는 것으로, 새로운 계절을 성공적으로 시작하고 싶었다.

나는 달리기를 좋아하지 않는다. 그래서 내 몸이 달리기를 우리가 살아가는 데 자연스러운 한 부분으로 느끼는 습관을 들이려고 애썼다. 때때로 그것은 효과가 있었다. 나는 스스로 채찍질하며 두 달 동안 달리기를 계속했다. 하지만 그 습관이 지속될 수 없다는 것을 잘 알고 있었다. 별다른 굳은 결심 없이 담배를 끊기로 한 애연가가 머지않아 다시 담배를 피우게 될 거라는 것을 아는 것처럼 말이다.

걷는 것은 늘 내게 시간이 충분하며 어떤 일에도 서두르지 않는다는 느낌을 준다. 사람이 최대한 빨리 걸을 수 있는 속도는 개인마다 다르고 한계가 있기 때문에 스트레스를 받을 이유가 전혀 없다. 어떤 사람이 얼마나 빨리 걷는가에 상관없이, 걷는 사람은 달리기를 하거나 차를 모는 사람보다는 항상 훨씬 더 느린 속도일 것이다. 늘 걷는 사람은 이런 것에 익숙하다. 그들은 느리게 걷는 걸음걸이를 소중하게 생각하라고 배운다. 그들은 목적지까지 걸어서 얼마나 시간이 걸리는지를 잘 알고 있기 때문에 정시에 목적지에 도착한다.

철학자 아르네 네스에 대해 전해지는 많은 이야기 가운데 하나는 그가 과거에 했던 인터뷰에 대한 것이다. 네스는 열정적인 산악인이었고 당시 인터뷰도 등산에 대한 내용이었다.

기자가 물었다. "당신은 산에 왜 오르기 시작했나요?"

그러자 네스가 되물었다. "그럼 당신은 왜 산에 오르는 것을 멈추었죠?"

걷는 것에 대해서도 똑같은 대화가 오갈 수 있을 것이다. 걷는 것은 인간에게 필요한 삶의 일부다. 그것은 한 곳에서 다른 곳으로 몸이 이동했다 다시 돌아오는 일상적인 인간 행동이다. 우리는 쓰레기를 버리기 위해 밖에 나가고, 불을 쬐러 난로 옆에 서고, 계단을 오르내리고, 이웃집을 방문하러 동네 길을 따라 걷는다.

걷는 것은 우리 일상생활의 정상적 활동의 일부이기 때문에, 그것을 달리기처럼 하나의 운동으로 생각하는 사람은 없다. 당신은 걸을 때 조깅하는 사람들처럼 스판덱스 운동복 바지를 입거나 머리띠를 매거나 기이한 팔뚝 장치 같은 것을 할 필요가 없다. 그들은 마치 그것들이 자신의 심장을 보호하거나 호신용 기구인 양 몸에 걸치고 볼티모어 같은 대도시에서 가장 위험한 좁은 골목길을 질주한다.

나는 숲속 오솔길을 걷는다. 도시의 인도 위를 걷고, 시골길도 걷는다.

길 위를 걷는 것은 진기한 경험이다. 어떤 걸음도 똑같은 것은 없다. 다음 걸음을 내딛는 곳에 무엇이 기다리고 있을지 아는 사람은 아무도 없다. 지형도 다양하고 지표면을 덮고 있는 것도 다양하다. 인간의 몸 또한 다양한 방식으로 그러한 미지의 상황에 대처하려고 애쓴다. 길 위를 걷는 것은 운동으로 최고다. 척추탈구와 우울증에 시달리던 사람들이 의사와 심리상담사 치료를 수년 동안 받았지만 낫지 못하다 걷는 운동을 통해 나았다는 이야기를 여러 차례 들었다.

시내를 걸어 다니면서 가장 좋은 점은 주변으로부터 아무런 주목도 받지 않는다는 것이다. 당신은 그저 다른 사람들 사이를 걸어가고 있는 어떤 개인일 뿐이다. 아무도 당신을 신경쓰지 않는다. 당신이 어디로 가고 있는지, 얼마나 멀리서 왔는지, 앞으로 얼마나 더 멀리 걸어갈지 아무도 모른다. 시내를 걷는 것은 당신이 아무런 간섭도 받지 않고 할 수 있는 활동이다. 그 덕분에 우리는 걷는 것을 통해 육체적으로나 정신적으로 새로운 리듬을 만들어낸다. 또한 프리드리히 니체, 찰스 다윈, 쇠렌 키르케고르, 버지니아 울프 같은 수많은 사상가들이 걷는 것을 더 높은 목적을 이루기 위한 수단으로 이용한 이유가 바로 그런 간섭받지 않는 자유로움 때문일 가능성이 매우 높다. 그들은 비록 걷는 것에 대해서 저마다 서로 다르게 표현하거나 좀 유명한 말을 하긴 했지만, 모두 걷는 걸 좋아했다는 점에서는 일치한다.

말하자면, 걷는 것에도 매우 다양한 형태가 있다.

보통의 걷기는 실용적인 걷기다. 우리가 한 장소에서 다른 장소로 걸어가는 것은 무언가 할일이 있기 때문이다. 걷는 행위는 거기에 도달하기 위한 수단이다. 걷는 사람은 해야 할 중요한 것들에 대해서 생각하기보다는, 오히려 자기 생각이 하릴없이 이리저리 떠돌게 놔둔다.

느긋하게 걷는 것은 한계점이 낮은 걷기, 힘들이지 않고 걷는 것이다. 느긋하게 걷는 사람은 천천히 걷는다. 느긋하게 걷는 동안에는 어떤 특정한 목표를 마음에 두지 않는다. 그리고 멀리 가는 경우도 거의 없다. 느긋하게 걷는 사람은 대개 뒷짐을 지고 소소한 현실문제들을 생각한다. 나이든 사람들이 보통 그렇게 걷는다.

산책하듯이 어슬렁거리며 거니는 것은 계급 차이에 대해서 예민하게 생각하는 사람들이 걷는 매우 부르주아적인 형태의 걸음걸이다. 산책하는 사람들은 대개 다른 사람과 함께 거닐며 정치 문제나 사회적 의미가 있는 주제들에 대해서 토론하는 것을 좋아한다. 어슬렁거리며 걷는 것은 길과 전혀 상관이 없다. 그것은 대개 도시 환경에서 일어나는데 주로 카페를 찾아가는 것으로 걷는 것이 끝난다.

독일어로 도보여행을 '반더wander'라고 하는데, 이는 먼길을 정처 없이 돌아다니는 것을 의미한다. 이것은 세 가지 중요한 측면에서 일반적인 보통의 걷기와 다르다. 첫째, 도보여행은 어떤 특정한 거리에 대한 기대를 암시한다. 따라서 보통 이웃집에 설탕을 꾸러 갈 때는 도보여행을 간다고 하지 않는다. 둘째, 도보여행은 여행 중에 중요한 생각을 하고 자연의 아름다운 풍광을 만끽한다는 것을 암시한다. 셋째, 도보여행은 거의 산길이나 오솔길을 통해서만 걷는다. 우리는 1880년대 낭만파 시인들을 대개 "방랑시인"으로 부르는데, 그들이 산길과 오솔길을 장기간 도보여행하면서 자기 주변의 세상에 대해서 사색하는 것을 좋아했기 때문이다. 그 시인들은 자연의 숭고함을 직접 경험하는 것의 중요성을 강조하는 시를 썼다.

걷기를 한마디로 정의한다면, 그것은 언제든 한 발이 땅바닥을 밟고 있는 상태다. 반면에 달리기는 한 걸음 한 걸음 내딛는 사이에 두 발이 공중에 떠 있는 상태라고 정의내릴 수 있다.

걷는 것에 대해서는 누구나 동의하는 특별한 구석이 있다. 걷는 것 때문에 누군가에게 해를 끼칠 것이라고 상상하기는 힘들다. 정상적인 상황이라면, 인간은 태어나서 1년쯤 지난 뒤부터 죽을 때까지, 아니면 적어도 죽기 직전까지 우리가 상상할 수 있는 모든 방법을 동원해서 걷기를 시도한다. 달리 말하자면, 걷는 것을 좋아하는 사람이 되는 것은 평생토록 날마다 그 수익의 대가를 톡톡히 받을 장기 투자를 하는 것이다. 걷는 것은 특별히 운동을 하기로 결심할 것을 적극 요구하지 않으며 오히려 기존에 생활하고 있는 삶의 연장이자 날마다 이미 하고 있는 활동에 불과한 그런 유일한 운동 형태이다. 만일 걷기를 운동으로 전환하고 싶다면, 기존보다 좀더 자주 걷거나 평소보다 좀더 멀리 걸으면 된다.

아침 일찍 집을 나설 수 있다면, 나는 집과 사무실 사이의 경로들 가운데 좀더 우회하는 길을 택하기를 좋아한다. 그렇게 하면 저녁때 퇴근해서 집에 돌아왔을 때 하루동안 걸은 총거리는 8킬로미터쯤 된다. 그렇게 계속 걷는다면, 일주일에 평균 50~60킬로미터씩 걷는 셈이다. 따라서 그다지 큰 노력을 들이지 않더라도 해마다 엄청난 장거리를 걷게 된다.

나는 속보로 걸을 경우 1시간에 7킬로미터를 걸을 수 있다. 그것은 특별히 불쾌함을 느끼지 않으면서 단축마라톤을 3시간에, 마라톤을 6시간에 완주할 수 있음을 의미한다. 내가 말하는 불쾌함이란 계속 달리지 못하고 중도에 서는 것이다. 몸에 통증을 느끼고, 근육이 경직되고, 산소가 부족할 때마다 숨이 차고, 체중 때문에 무릎이 아프고, 그러한 통증 때문에 집중력이 떨어지는 것은 그저 시작에 불과하다. 달리기를 하다보면, 주변의 어떤 것도 보지 못하고 좋은 생각도 떠오르지 않으며 어떤 큰 문제도 해결하지 못한다. 기진맥진한 내 몸 말고는 그 밖의 어떤 것에 대해서도 거의

"걷기를 한마디로 정의한다면,
그것은 언제든
한 발이 땅바닥을 밟고 있는 상태다."

생각할 수 없다. 그러다 마침내 나는 달리기를 멈추기 마련이다.

오늘날 시골길을 걷는 것은 숲속 산길을 도보여행하거나 시내의 인도를 걷는 것보다 더 문제가 많다. 프랑스 철학자 장자크 루소는 시골길을 느긋하게 걷는 것을 좋아했지만 그가 살았던 1700년대에는 그렇게 시골길을 걷는 것이 사람들의 이목을 집중시키지 않았다. 그러나 요즘 같은 때에 시골길을 따라 걷는 것은 완전히 의식이 없는 복적을 상실한 행동으로 여겨진다. 시골길을 걷고 있는 사람을 발견하면, 주변에서 먼저 의심의 눈초리를 보낸다. 그 사람에게 무슨 문제가 있는 건 아닌지 의심한다. 왜 차를 몰고 가지 않지? 왜 버스를 타지 않은 걸까? 갓길을 따라가며 무얼 하고 있는 거지? 어디 아픈가? 미친 거 아냐? 도주중인가? 도둑질한 물건을 어디에 묻어놓았다가 이제 그것을 파내서 돌아가는 건가?

내가 단축마라톤이라고 부르는 속보로 걷는 걸 시작한 것은 이른 아침이었다. 나는 가능한 한 빨리 걷기로 했다. 교외에 있는 전원주택 단지를 통과하자 곧바로 시골길이 나타났다. 10.5킬로미터를 걸어갔다 다시 왔던 길로 걸어서 되돌아오는 코스였다. 그 길을 따라서 버스 여섯 대와 트랙터, 자전거, 그리고 숲에서 베어낸 겨울 통나무를 옮기는 목재 운반용 트럭들이 지나갔다. 도중에 조깅을 하는 한 노인을 만났는데, 경주자 보호용 반사조끼를 입고 자신이 할 수 있는 한 최대의 속도로 달리고 있었다. 그 노인에게는 노르웨이 작가 다그 솔스타Dag Solstad가 그의 소설에 쓴 것처럼, 죽음에 대한 극심한 두려움이 겉으로 확연히 드러나 보였다. 하지만 그는 달리는 속도가 느렸다. 마치 가파른 언덕을 기어오르거나 태풍의 강한 바람에 맞서 앞으로 나아가는 사람처럼 상체를 수그리고 엉거주춤하게 달리고 있었다. 그날은 바람도 불지 않는 봄날이었다. 내가 걷는 속도가 그 노인이 달리는 속도보다 더 빨랐다.

한 여성이 포르셰 카이엔을 타고 쌩 하고 지나갔다. 그녀는 시내를 향해 가고 있었다. 커다란 선글라스를 쓰고 운전을 하면서 스마트폰으로 통화를 하고 있던 그녀는 좁은 시골길을 걷고 있는 나를 발견하고는 차를 홱 돌려 피해 가며 깜짝 놀란 듯 넋나간 표정으로 나를 돌아보았다. 그녀가 탄 차는 속도를 낮추더니 산등성이 너머로 사라졌다. 다시 도로는 조용해졌다. 포르셰를 탄 여성도 사라졌고, 반사조끼를 입은 노인도 눈에 보이지 않았다. 아스팔트 길 위를 걷는 내 발소리만 들렸다. 다시 속도를 내서 걷기 시작했다. 시골길을 따라 늘어선 벌거벗은 가로수들에서는 지저귀는 새들의 노랫소리가 들려왔다. 흙먼지 덮인 들판의 눈 위에는 여우 발자국들이 선명히 찍혀 있었다.

프리드리히 니체, 찰스 다윈, 쇠렌 키르케고르, 버지니아 울프에게, 걷는 것은 사색의 장이자, 지적 통찰과 미적 경험을 동시에 제공하는 촉매제였다. 노르웨이 사회학자이자 사상사가인 루네 슬라그스타Rune Slagstad는 저서 『스포츠Sporten』에서 이렇게 말한다.

> 산책은 서두르지 않고 자발적으로 한 곳에서 다른 곳으로 걸어서 이동하는 것을 의미한다. 순수하게 산책을 위해 걷는 것은 산의 정상에 오르기 위해서거나 전망이 좋은 위치를 찾기 위해서와 같은 특정한 목표가 있을 수 없음을 의미한다. 이러한 목표들에 도달하는 것은 오직 단 하나의 목적을 달성하도록, 즉 걷기에 충만감을 더하도록 도와줄 뿐이다. 목표를 달성하고자 하는 것이 아닌 걷기는 낭만주의에 뿌리를 둔 오늘날의 현상이다. 그것은 걷는 것이라는 것에 대한 경험적 개방성을 요구한다.*10

그러면서 슬라그스타는 1944년 노르웨이트레킹협회에서 발간한 연감에 게재된 작가이자 삽화가인 에마누엘 몬Emanuel Mohn의 여행 기사 「요툰헤이멘Jotunheimen**」의 일부를 인용한다.

*사람마다 걷는 것에 대한 경험이 다를 수 있음을 인정한다는 의미.

**노르웨이 중남부 산지.

물론 우리는 그냥 출발하기만 한다면 언제나 원하는 종착지에 도달할 수 있다. 하지만 살면서 그렇게 볼거리가 많은데 목적을 달성하기 위해 앞만 보고 달리기만 한다면 무슨 재미가 있을까? 그러느니 가만히 앉아서 그 모든 것을 있는 그대로 보고 거기서 경이를 느끼는 것이 더 낫다. 그리고 만일 그림을 그릴 줄 아는 사람이라면, 그 놀라운 풍광을 그림으로 그릴 수도 있다. 그동안 바쁜 일정에 시달린 사람이라면, 햇볕이 드는 곳에 편안히 누워 푸른 하늘을 쳐다보거나, 파이프담배에 연초를 다져 넣고 한 모금 길게 연기를 뿜어내도 좋을 것이다.[11]

내게 걷는 것은 사색의 장이라기보다는 아무것도 생각하지 않거나 적어도 뭔가 중요하거나 복잡한 것에 대해서는 생각하지 않는 때이다. 걸을 때 생각하는 것이 있다면 보통 단순하고 실용적인 것, 아주 쉽고 간단한 해법을 요하는 문제들인데, 사람이 많은 시내나 도심지역을 걷는 것이 아닐 때에는 대개 나 자신에 대해 집중하는 것을 좋아한다.

나는 걸을 때 상황이 더 복잡해지는 경험을 해본 적이 없다. 오히려 모든 일이 더 단순해지고 명확해진다. 생각은 대개 갑자기 떠올랐다 사라지기 마련이다. 그래서 사람들은 흔히 이런저런 생각이 머릿속을 떠돈다는 말을 많이 한다. 그런 현상은 보통 시내

번화가나 시골 도로를 걸으면서 인터넷 방송 팟캐스트를 듣고 있을 때 특히 더 뚜렷하게 나타난다. 하지만 숲속 오솔길을 걷고 있을 때는 결코 그런 일이 일어나지 않는다. 팟캐스트의 내용이 얼마나 흥미롭고 재미있느냐가 중요한 게 아니다. 나도 걸으면서 팟캐스트를 듣는 경우가 있는데, 대개 듣다보면 어느 순간 그 맥락을 놓치고 만다. 여러 가지 생각들이 필연적으로 저마다의 정신적 우회로를 찾아 나서기 때문이다. 어떤 것을 생각하기 시작하면, 그것은 꼬리를 물고 그것이 아닌 다른 것을 생각하게 한다. 어느 순간 갑자기 귓속에 재잘거리는 목소리가 또다시 들리기 시작할 때, 비로소 그렇게 꼬리를 물고 돌아가던 생각의 고리는 끊어진다.

팟캐스트에서 다루고 있는 내용이 살인이나 정신이상 문제일 수도 있고, 사기나 정치 문제일 수도 있다. 하지만 그 내용이 매우 자극적이거나 중요한 문제를 다루고 있을지라도, 마치 두뇌가 자동조타장치에 의해 작동되는 것처럼 내 머릿속에서는 죽은 할아버지의 지저분한 차고가 갑자기 생각난다거나, 도널드 트럼프가 언제쯤 탄핵을 당할지 궁금해한다거나, 또는 내가 지금까지 체인톱을 써본 적이 없는데 뇌전증 때문에 앞으로도 그걸 써볼 기회를 갖지 못할지도 모른다는 생각이 문득 떠오른다.

이 모든 생각들은 내가 팟캐스트에서 나오는 이야기의 맥락을 놓치는 바람에 처음부터 다시 들어야 한다는 생각이 들기도 전에 벌써 내 머릿속을 스치고 지나간 것이다.

걷는 것은 이처럼 내 두뇌를 자극한다. 나는 그것을 막을 수 없다. 앉아 있을 때 스마트폰이 울려 전화를 받을 때도 나는 거의 어김없이 벌떡 일어나 통화를 하면서 서성거리기 시작한다. 의식적으로 그러려고 하는 것은 아닌데도 매번 그런 일이 일어난다. 나는 전화 통화가 시작되면 반드시 자리에서 일어나 통화가 끝날 때까지 왔다갔다 서성거리기 시작한다. 전화 통화를 할 때 이렇게 움직이면서 하는 것은 그것이 훨씬 편하기 때문에 그렇게 하는 것이리라. 그렇게 서성거리며 통화하는 것이 자리에 앉아서 통화를 할 때보다 대화가 훨씬 더 원활하게 이어지는 것 같은 느낌이 드는 것도 사실이다.

뭔가를 생각하거나 어떤 문제를 풀 때도 걸으면서 하는 것이 훨씬 더 쉽다. 만화책에서 보는 것처럼, 스크루지 영감이 장사 문제로 골치 아파할 때 왔다갔다하는 이유가 바로 그 때문일지도 모른다. 그는 옥상에 있는 커다란 사무실에서 뒷짐을 지고 빙빙 돌며 걷는다. 하도 많이 원을 그리며 걷다보니 마침내 마룻바닥에 깊은 홈 자국이 날 정도다.

2009년 5월 5일, 두 명의 노르웨이인 용병 조슈아 프렌치와 쇼스톨브 몰란은 콩고민주공화국의 키상가니Kisangani 외곽 삼림지대에서 그들의 자동차 운전사였던 콩고인 아베디 카송고를 살해한 혐의로 체포, 기소되었다. 두 사람은 살인죄로 판결을 받고 상상할 수 있는 최악의 환경에 있는 감옥에서 수감생활을 했다. 그로부터 4년 뒤인 2013년, 쇼스톨브 몰란은 조슈아 프렌치와 함께 갇혀 있던 감방에서 스스로 목숨을 끊었다. 조슈아 프렌치는 2017년에 비로소 석방되어 노르웨이로 귀환했다. 프렌치는 〈두 명의 백인 남성〉이라는 제목의 한 노르웨이 팟캐스트 방송에서 석방된 뒤 처음으로 인터뷰를 했다. 프렌치는 몰란이 죽은 뒤, 병이 났고 심한 우울증 때문에 모든 일에 무감각해졌다고 한다. 그가 했던 유일한 일은 잠자고 걷는 것이었다. 그가 날마다 잠에서 깨면 하는 일이 거리가 15미터에 불과한 복도를 걸어서 왔다갔다 하는 것이었다. 그는 오후 4시에 다시 감방 안으로 돌아올 때까지 하루종일 그렇게 했다. "저는 그 복도에서 수천 킬로미터를 걸었습니다"라고 조슈아 프렌치는 인터뷰 진행자에게 이야기한다.[12]

나는 늘 하던 대로 단축마라톤을 했다. 집에 돌아와서는 스마트폰의 앱을 확인했다. 내가 걸은 거리, 평균 보행 속도와 경로를 기록하는 앱이다. 앱은 내가 계획했던 대로 시속 7킬로미터의 속도를 유지하면서 반환점을 돌 때까지 10.5킬로미터를 걸었다는 것을 보여주었다. 하지만 돌아오는 길에 속도는 눈에 띄게 느려졌다. 걸음걸이도 매우 고르지 않았다. 처음에는 시속 7킬로미터이었다가 그뒤엔 시속 3킬로미터밖에 안 되더니 그다음에는 시속 8, 5, 2, 4킬로미터로 들쑥날쑥 자꾸 바뀌었다. 내 보행 속도는 집으로 돌아오는 내내 계속 변화를 보였다. 집중력 문제라고밖에 달리 설명할 수 없었다. 육체적으로 기력이 떨어져서 그런 것은 전혀 아니었다. 오히려 걷는 시간이 길어질수록, 정신은 더 자유로워졌다. 물 흘러가듯이 걷는 리듬에 몸을 맡긴 것처럼, 정신도 그 흐름 속으로 자연스레 빠져들었다. 그것은 더이상 통제되지 않았다. 두뇌가 몸을 장악하면서, 의식의 흐름은 내 정신의 작용 방식이 되었다. 두뇌가 어떤 흥미로운 것을 생각할 때마다, 보행 속도는 느려졌다. 그러다 생각이 흐트러지면, 다시 빨리 걷기 시작했다. 두뇌 활동이 활발해지면, 신체 활동은 둔해졌다. 그러다 신체 활동이 더 많아지면, 두뇌 활동은 약해지기 시작했다. 따라서 내가 내릴 수 있는 결론은 한마디로 느리게 걷는 사람이 빨리 달리는 사람보다 틀림없이 정신적으로 훨씬 더 풍요로운 생활을 누릴 거라는 것이다.

걷는 것과 관련해서 특별히 내 마음을 사로잡는 인물이 세 사람 있다. 그들 가운데 두 명은 미국인으로 에드워드 페이슨(1839~1929)과 에마 게이트우드(1887~1973)이고, 세번째 인물은 비에른 암스루라는 노르웨이인이다.

에드워드 페이슨 웨스턴은 당대의 우상이었다. 그는 1800년대 후반에 정점에 이르렀던 운동의 한 부분을 차지했다. 그것은 "도보주의pedestrianism" 또는 경보競步라고 부르는 스포츠 경기였다. 도보주의 운동은 유럽과 미국 양 대륙에서 큰 인기를 끌었다.

그것은 치열한 경쟁 성향과 광범위한 대중적 인기에 힘입어 하나의 운동 경기로 발전했다. 웨스턴은 최고의 경보 선수 가운데 한 명이었다. 1913년, 일흔네 살의 웨스턴은 뉴욕에서 미니애폴리스까지 2,488킬로미터의 거리를 51일 동안 걸었다. 원기회복을 위해 도중에 쉬는 것을 최소화하면서 그 먼 거리를 완주했다는 점에서 그는 충분히 큰 찬사를 받을 만했다. 그는 몇 시간을 걷고 나서 바위에 앉아 간단하게 요기를 때우고 물 한 모금을 마시면 금방 기력을 회복할 수 있었다.

1955년 5월 3일, 에마 게이트우드가 가방에 짐을 챙겨 그녀가 평생 살면서 한 번도 벗어나본 적이 없는 오하이오주 갈리아 카운티를 떠났을 때 그녀의 나이는 일흔일곱 살이었다. 그녀는 웨스트버지니아주 찰스턴까지 히치하이킹으로 남의 차를 얻어 타고 이동해서, 애틀랜타로 비행기를 타고 간 뒤, 버스를 타고 조지아주 재스퍼라는 소도시에 도착했다. 거기서부터 그녀는 자신의 트레킹 출발지점인 오글소프산Mount Oglethorpe 발치까지 택시를 타고 갔다. 그녀는 산 정상에 오른 뒤, 자신이 애팔래치안 트레일의 최남단에 있다는 것을 알았다. 그 구간의 최북단 지점인 캐타딘산Mount Katahdin은 거기서 무려 3,500킬로미터나 떨어진 메인주에 있다. 게이트우드는 데님 숄더백을 어깨에 걸쳐 메고 도보여행을 출발했다. 그녀는 텐트나 지도, 침낭도 없었다. 트레킹을 위한 준비는 하나도 되어 있지 않았다. 도보여행을 떠나기 위한 기본적인 교육이나 훈련도 전혀 받은 적이 없었다. 그녀가 준비한 먹거리는 비엔나소시지 통조림, 건포도, 땅콩이 다였다.

1950년대에는 여성들이 하지 말아야 할 것들이 매우 많았다. 황무지를 여자 혼자서 걷는 것도 그 가운데 하나였다. 1950년대에 애팔래치안 트레일은 안전하게 돌아다닐 수 있는 장소가 아니었다. 끝없이 펼쳐진 황무지로 인해 문명과 격리된 채 살아가는 고립된 소규모 공동체들과 험악한 지형 때문이었다. 게이트우드는 인간의 손길이 닿지 않은 이 공간을 작은 숄더백 하나만 덜렁 어깨에 메고 걸었다. 오늘밤은 어디서 잠을 잘지에 대한 생각 말고는 아무 걱정도 없었다. 어쩌면 당시에 그녀는 충동적인 알코올 중독자에 주정뱅이였던 폭력 남편이 마침내 술집에서 난동을 부리다 총에 맞아 죽은 뒤 지난 30년 동안의 결혼생활에서 해방된 느낌을 가졌을지도 모른다. 이 사건은 에마 게이트우드의 인생에서 전환점이었다. 훗날 여러 인터뷰에서 그녀는 자식들이 장성해서 독립할 때까지 자신이 하고 싶은 것을 미루기로 마음먹고 있었다고 고백했다. 그리고 마침내 그녀는 자신이 계획했던 것을 실행에 옮겼다. 게이트우드는 폭력 남편이 죽고 자식들이 독립하고 난 뒤, 얼마 안 되는 재산을 처분해서, 그녀의 전기작가인 벤 먼트거머리Ben Montgomery가 묘사하는 것처럼, 걸어도 걸어도 끝이 없어 보이는 길을 걷기 시작했다.

그럼에도 불구하고, 영웅들은 언론에 대서특필되기 마련이다. 게이트우드가 처음 걷기를 시작했을 때, 그녀는 세상에 전혀 알려지지 않은 인물이었을지 모르지만, 애팔래치안 트레일의 북쪽을 향해 계속해서 발걸음을 내디디면서, 방랑하는 할머니에 대한 소문이 사람들 사이에 퍼지기 시작했다. 기자들이 길을 따라가며 그녀를 인터뷰했고, 그녀를 따르는 추종자들이 생겨났다는 기사들이 쏟아져나왔다. 포레스트 검프가 미대륙을 횡단하며 달리자 그를 따라서 조깅을 하는 사람들의 무리가 새로 생겨난 것과 다르지 않았다. 에마 게이트우드는 자신에 대해서 호들갑을 떨고 있는 사람들을 좋아하진 않았지만, 기자들의 질문에 공손히 답변하면서 걷기를 멈추지 않았다.

같은 해 9월, 그녀는 캐타딘산 정상에 섰다. 그녀는 일찍이 그 나이의 여성이 할 수 있을 거라고 아무도 믿지 않았던 일을 해냈다. 게다가 그녀처럼 그런 일을 하려는 생각을 한 여성은 그때까지 아무도 없었다. 그녀는 트레킹을 통해 의도치 않게 온 나라의 명사가 되었다. 애팔래치안 트레일을 완주하는 동안 그녀가 신고 걸은 일반 면 운동화는 여섯 켤레였다. 그녀는 트레킹을 끝내고 다시 2차 시도를 하기로 마음먹었다. 그리고 두번째 완주도 마치자, 세번째로 애팔래치안 트레일을 걷기로 했다. 그녀 이전에 아무도 해본 적이 없는 일이었다.

그것이 마지막이었다. 에마 게이트우드는 1973년 6월 4일에 세상을 떠났다. 훗날 그녀의 딸은 자기 엄마가 애팔래치안 트레일에 대해서 알게 된 것은 한 잡지 기사를 통해서였다고 회고했다. 게이트우드는 그 기사를 읽고 이렇게 말했다고 한다. "남자들이 할 수 있는 일이라면, 나도 할 수 있어."[13]

내가 만난 도보여행자들 가운데 가장 인상에 남는 사람은 비에른 암스루다. 1966년, 그는 노르웨이를 종주한 최초의 인물이 되었다. 그가 종주한 거리는 오늘날 노르웨이 도보여행자 집단들 사이에서 거의 신화 같은 이야기로 회자되고 있다. 그의 트레킹에 대해서 기록으로 남겨진 것이 거의 없기 때문에, 간혹 그에 대한 이야기가 나온 글들을 통해 그를 우연히 만날 수 있었다. 전화번호부에 실린 그의 전화번호 말고 나는 암스루 자신에 대한 다른 어떤 정보도 발견할 수 없었다.

그래서 나는 그에게 전화를 걸어 가능하다면 만나서 그의 오랜 도보여행에 대한 이야기를 듣고 싶다고 했고 그의 승낙을 받았다. 암스루는 당시 노인이었다. 그는 평생을 걸었기 때문에 지금은 무릎이 온전치 않다고 했다. 의사는 그에게 이제는 자제할 것을 권고했다.

암스루는 우뚝하게 솟은 키, 호리호리한 몸매에 큰 손과 은백색 수염, 온화한 눈매의 얼굴이었다. 그는 오른팔로 지팡이를 짚고 서 있었다. 그는 왼손으로 거실을 가리키며 나를 안내했다. 그가 1966년에 신고 걸었던 신발이 계단통 선반 위에 놓여 있었다. 갈색의 뻣뻣한 가죽으로 만든 것으로 밑창에 스파이크가 박힌 등산화였다. 그는 수백 킬로미터를 걷느라 닳고 낡은 신발을 손수 고쳐 신었다. 우리는 팔걸이의자에 앉아 서로 마주보고 이야기를 나누기 시작했다. 암스루는 말이 많지 않은 사람이 분명했지만, 그가 내게 해준 말들은 훨씬 더 큰 인상을 남겼다.[14]

1966년 6월 7일, 한 청년이 오슬로 기차역에 들어섰다. 그는 파카 잠바와 등산 바지를 입고 갈색 가죽등산화를 신고 있었다. 녹색 배낭을 멘 그는 표를 끊어 승강장으로 내려가 기차를 탔다. 그는 크리스티안산Kristiansand에 도착한 뒤, 버스를 타고 노르웨이 최남단 린데스네스Lindesnes곶까지 갔다. 그는 버스에서 내려 배낭을 메고 해안가로 내려갔다. 그는 바닷물에 손가락을 찔러넣고 180도를 돌았다. 그러고는 북쪽을 향해 걷기 시작했다. 몇 달 뒤, 그는 노르웨이를 걸어서 종주한 최초의 인물이 되었다.

그가 이룬 성과에 대한 소식이 야외활동 모임들 사이에서 널리 퍼져나가기 시작했다. 암스루는 엄청나게 먼 장거리를 걸었을 뿐 아니라, 매우 단기간에 완주했다. 게다가 그는 사전에 자신의 트레킹 계획을 아무에게도 발설하지 않았다. 오늘날 대다수 사람들이 그렇게 한다. 그는 언론의 취재나 후원자의 지원 없이 가장 기본적인 장비만 가지고 무작정 걸었다.

그 여행을 시작했을 때 그는 서른세 살이었다. 그는 직계가족

말고는 아무에게도 종주 계획을 알리지 않았다. 사람들에게 미리 기대감을 불러일으키고 싶지 않았기 때문이다. 암스루는 평생을 열성적인 도보여행자로 살았다. 그는 도중에 부상을 입거나 예기치 않은 환경을 만나 걷기를 포기할 수밖에 없게 만드는 일들이 언제든 일어날 수 있다는 것을 알고 있었다. 그는 누구에게도 함께 걸을 것을 요청한 적이 없었다. 늘 혼자 걸었다.

그는 오슬로에 있는 국립지도원에서 지도를 얻었다. 당시 노르웨이 전역의 상세 지형이 그려진 지도들이었다. 그 지도들에는 아직 세부 조사가 이루어지지 않은 땅을 가리키는 흰색으로 표시된 지역들이 거대한 공백으로 남아 있었다. 그는 지도에 표시된 길들을 따라가려고 애썼다. 그 길들이 지도에 표시된 지형과 늘 일치하는 것은 아니었지만, 그럼에도 불구하고 그는 그 지역을 무사히 통과해냈다.

암스루는 2,700킬로미터를 걸었다. 풍경은 끊임없이 바뀌었다. 걷는 내내 모습을 드러내는 산들을 보면 그곳을 일직선으로 통과하는 것은 실제로 불가능해 보였다. 그는 주변 풍경을 읽는 법을 배웠다. 그리고 스스로 길을 찾아가며 나아갔다. 길이 보이지 않을 때는 새로 길을 만들어서 걸어갔다. 그의 이야기를 들으면서 혹시라도 잘 모르는 지형을 가로질러가게 되면, 암스루를 길잡이로 삼으면 좋겠다고 생각을 했다.

그는 스스로 "보행감각walking-sensation"이라고 부르는 것에 대해서 이야기했다. 걷는 것 말고는 아무것도 하지 않을 때 일어나는 상태라고 했다. 암스루는 "아주 먼 거리를 걸을 때, 당신은 정신적으로 특이한 경험을 하게 됩니다. 일상생활에서는 정상적으로 일어나지 않는 특별한 마음 상태에 있게 된다는 말입니다. 그걸 어떻게 설명해야 할지 모르겠네요"라고 내게 말했다.

1966년 9월 10일, 그는 노르웨이의 최북단인 노르캅에 도착했다. 그의 여정은 여기서 끝났다. 그는 완주한 것에 만족했다. 하지만 그는 또 이렇게 말했다. "우리의 유전자에 뭔가가 있는지는 잘 모르겠어요. 인간은 늘 이리저리 돌아다녔어요. 만일 이 나라가 더 컸다면, 나는 계속 더 걷고 싶었을 겁니다."

그렇게 긴 구간의 애팔래치안 트레일이 존재하지 않았다면 에마 게이트우드는 장거리 도보여행을 위해 그곳에 결코 가지 않았을 것이다. 비에른 암스루는 1960년대 말에 노르웨이에 존재했던 길을 따라 걸었다. 하지만 그는 또한 스스로 새로운 길을 만들어 나아가기도 했다. 또한 전기작가들이 한결같이 "바쁜 사람"이라고 말한 에드워드 페이슨 웨스턴은 실제로 매우 바빴고 빨리 걷는 바람에 특별히 어떤 길만 고집스레 집착하는 경우는 거의 없었을 거라는 생각이 든다.

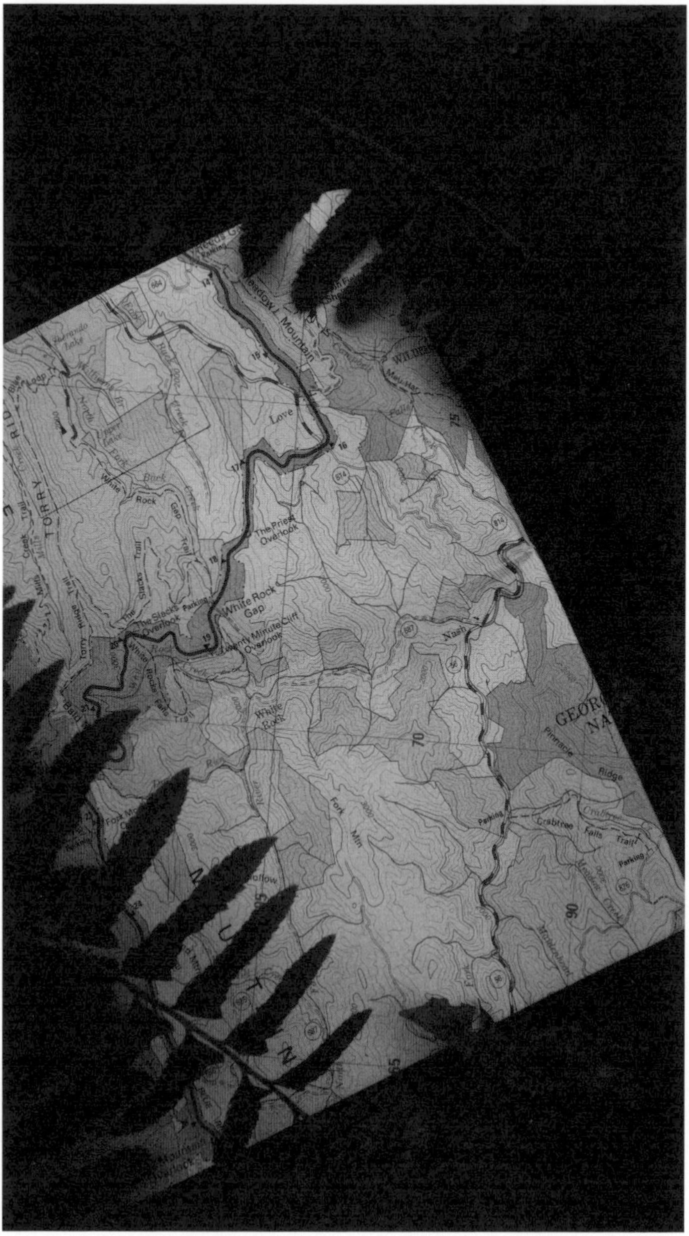

The Priest Overlook
White Rock Gap
The Slacks Overlook
Twenty Minute Cliff Overlook
White Rock
Love
Parking
Crabtree Falls Trail
Pinnacle
Ridge
Nash
Fork Mtn
TORRY

나는 이 세 사람에 대해서 생각할 때면, 대개 시기심과 경외심이 뒤섞인 묘한 감정이 든다. 우리의 현대사회는 대부분의 시간을 앉아서 지내는 방식으로 구조화되어 있다. 일주일에 한 번 피트니스센터에 가서 한 시간을 보내면, 건강을 유지하기에 충분한 운동을 하고 있다고 느끼는 사람이 많다. 하지만 그건 뭔가 크게 잘못 생각하고 있는 것이다.

정상적인 걸음으로 하루에 10킬로미터를 걷는다면, 2시간 정도면 충분할 것이다. 이것을 날마다 반복한다면, 일주일에 총 70킬로미터를 걷는 셈이며, 시간으로 따지면 걷는 데 14시간을 쓰는 셈이다. 이것은 다시 말해, 한 주 동안 피트니스센터에서 운동하는 시간보다 14배나 많다. 그것은 그렇게 간단하다. 직장이든 학교든 가게든 어디를 가든 늘 걸어 다니는 습관을 들이면, 특별히 고민하지 않아도 자신의 건강에 필요한 운동을 충분히 하는 결과를 얻게 될 것이다. 그것은 본디 태생적으로 해야 할 일을 그저 하는 것일 뿐이다.

유아들은 스스로 자기 머리나 몸을 세우지 못하지만, 몇 달만 지나면 그것을 할 수 있는 힘과 통제력을 서서히 키우기 시작한다. 그들은 가장 먼저 배로 꼼지락거리며 앞으로 가다가 기어가기 시작한다. 한 살쯤 되면 몸을 세워서 걷기 시작할 수도 있다. 아직은 다리에 힘이 없고 서툴지만 균형을 유지하기 위해 안간힘을 쓴다. 그들의 작은 몸은 걷기에는 아직 충분히 균형이 잡혀 있지 않다. 머리는 큰데 팔다리는 짧고, 발은 연약하고 동그란 모양이다. 아직까지 최종적인 인간의 모습으로 자라지 못한 상태다. 그들은 나이가 먹어가면서 걷는 방식이 바뀐다. 점점 더 꼿꼿하게 걷기 시작하며 발은 더 단단해지고 평탄해지면서 발가락은 위가 아니라 아래로 향하고 땅바닥에 더욱 밀착해서 움켜잡을 줄 알게 된다. 어린아이로 컸을 때쯤이면, 무릎관절을 구부리고 균형점을 발견한다. 이런 식으로 그들은 늙을 때까지 평생을 걸어 다닌다. 노인이 되면 등이 앞으로 구부러지기 시작하고 몸의 균형이 흔들리고 근육이 약해지면서 걸어 다니는 존재로서의 그들의 삶은 끝을 맺는다.

이것이 바로 우리 모두가 겪는 과정이다. 그러나 내게는 반드시 지킬 것이 한 가지 있다. 그것은 내가 더이상 걸을 수 없을 때까지 계속해서 걸을 것이라는 다짐이다. 그뒤에는 의자에 앉아서 내가 걸을 수 있었을 때를 회상할 것이다. 나는 눈을 감고 한쪽 발에서 다른 쪽 발로 체중이 이동하는 것을 느낄 것이다. 발뒤꿈치를 들고 한 발을 바닥에 내디디며 힘차게 앞으로 차고 나가고, 왼팔이 앞에 있으면 오른다리가 뒤에 있으면서 팔과 다리가 서로 엇갈리며 탄력 있게 움직이고, 엉덩이근육과 다리근육이 몸을 앞으로 계속 밀어내고, 척추는 곧추세우고, 머리를 들어 시선은 앞을 바라본다.

내면의 풍경

우리가 언젠가 처음으로 걸었던 길들은 왜 평생토록 우리 곁에 머무는 걸까?

시골길, 도심의 거리, 바닷가길, 숲길은 모두 우리가 매우 자주 걷는 길이라 이젠 우리의 일부가 되었다. 인근 공원을 통과해서 자그마한 숲을 지나 들판을 가로질러 학교로 가는 길, 편의점과 축구장, 해변, 친구 집으로 가는 지름길, 비가 오나 눈이 오나 1년 내내 걸어 다녔던 길은 아이들만이 알 수 있는 방식으로 우리의 한 부분을 구성하고 있었다. 아이들은 아스팔트, 식물의 뿌리, 담배꽁초, 초콜릿 포장지, 탄산음료 병뚜껑, 개미 같은 온갖 것들이 혼재해 있는 땅과 아주 밀접하게 관계를 맺고 살고 있기 때문이다.

어린 시절의 길은 우리의 몸이 외부 세계와 맺었던 관계들을 기억나게 해준다. 지표면을 가로지르는 작은 발들. 우리가 그 기억들을 결코 잊지 못하는 것은 바로 이런 이유 때문이다.

내 어린 시절의 오두막은 커다란 호수가 보이는 높은 곳의 빈터에 자리하고 있었다. 자갈길이 호숫가를 따라 구불구불 이어져 있다. 그 길은 산 뒤로 사라지고 산 뒤에는 우리 어머니의 어렸을 때 집이었던 농장이 있다. 할머니와 할아버지는 여러 마리의 말과 암소, 돼지와 닭을 키우고 밭에다가는 토마토와 각종 채소를 재배했다. 그 농장은 내가 태어났을 때에도 여전히 건재했다.

처음에 농장이 지어지고 밭이 개간된 때는 1400년대로 거슬러올라간다. 오래전에 사람들이 땅을 파헤치고 나무를 베어 쓰러뜨리고 돌을 파내어 실어날랐다. 숲속 깊숙이 여러 개의 밭이 만들어졌다. 그 밭은 늘 작은 규모였다. 큰 밭은 하나도 없었다. "농장 식별번호가 1748번인 곳의 검토 결과, 토양이 건조하고 돌이 많아 더이상 개간할 땅이 없다"고 마을 자치구의 토지기록부에 나와 있다. 그곳은 토양이 메마르고 바위투성이여서 농사를 짓기 어려운 환경이다. 농부들의 희생 없이는 어떤 결실도 얻기 어려웠다. 한 해 수확은 날씨와 농사에 투입된 노동량에 전적으로 달려 있었다.[15]

할아버지의 친척들은 1896년부터 그 농장에서 살았다. 우리고조부모는 그곳의 거대한 숲을 소유하고 있는 지역유지에게서 그 농장을 샀다. 할머니의 가족은 수레를 몰고 다니는 울퉁불퉁한 길을 따라 숲속으로 몇 킬로미터 떨어진 농장에서 살고 있었다. 할아버지와 할머니는 2차세계대전이 끝나고 1년 뒤, 노르웨이가 다시 자유로운 독립국이 된 1946년 봄에 결혼했다. 그들은 세 자녀를 낳았다. 첫째가 우리 어머니, 둘째는 이모, 막내가 삼촌이다. 그들은 유일한 상속인이었던 할아버지 농장으로 주거를 옮기고 거기서 머물렀다.

할머니는 가축들을 키우고 할아버지는 밭일을 했다. 겨울이 오면 할아버지는 숲속에 이어져 있는 구불구불한 많은 길들을 따라 재목을 베어 왔다. 고된 삶이었다. 그들은 자신들과 자녀들을 부양하기 위해 생계를 꾸려나가야 했고, 가축들도 먹여 살려야 했다. 오두막 뒤에 길이 생긴 것은 바로 이런 이유 때문이다.

길은 오두막에서 시작해서 숲속 깊은 곳에 있는 밭까지 이어졌다. 그 밭은 1800년대에 그 큰 숲의 소유주가 개간한 것으로 우리 고조부모가 그 땅을 사서 그 밭을 차지하기 전부터 있었다. 그 숲의 소유주는 숲에서 벌목한 목재들을 실어날랐다. 나무들이 베어 쓰러지자 빛이 숲 안으로 들어올 수 있었다. 자그마한 밭이지만 키가 큰 풀이 무성하게 자랐고, 우리 가족은 이 풀 덕분에 여름을 날 수 있었다. 할머니와 할아버지, 어머니와 이모, 외삼촌까지 가족 모두가 발 벗고 일을 거들었다. 그들은 풀을 햇볕에 말리기 위해 시렁 위에 늘어놓았다. 풀이 충분히 건조되면 말 한 마리가 끄는 마차에 건초를 싣고 농장으로 돌아와서 헛간에 쌓아놓고 겨울 내내 암소와 말들을 먹였다.

이렇게 끊임없이 밭과 오두막을 오갔다는 것은 그 길에 초목이 절대로 자랄 수 없다는 것을 의미했다. 말발굽과 마차 바퀴, 인간의 발, 노동에 의해 길은 유지되었다. 하지만, 오랜 세월이 흘러 내가 성인이 되었을 때, 그 길은 그저 한가로이 거니는 숲속 산책로로 바뀌었다.

조부모와 증조부모 세대의 어른들은 이제 이 세상에 없다. 그들은 모두 이곳에서 일생을 보냈다. 고조부모는 내가 태어나기 오래전에 벌써 돌아가셨다. 그뒤 증조부모가 이곳에 왔는데, 내가 아주 어렸을 때 돌아가셨기 때문에, 나는 오래된 흑백사진의 기억만 있을 뿐 그들에 대해서 더 아는 것은 없다. 그 사진 속에서 그들은 의자에 앉아 있거나 밭 한가운데 서 있는 풍파에 시달린 노인들이다. 남자들은 모자를 썼고 여자들은 크고 두꺼운 원피스를 입고 있다. 그들은 모두 평생을 야외에서 노동하며 살았음을 입증하듯 깊게 주름진 얼굴을 하고 있었다.

할아버지는 밭에서 살다 밭에서 세상을 떠났다. 나는 할아버지가 땅에 묻히던 날을 여태 기억하고 있다. 내가 열세 살 때로 한 여름날이었다. 할아버지는 집에서 가장 가까운 읍내 작은 교회 묘지에 묻혔다. 당시 목사가 했던 추도사에 대해서는 아무것도 기억나지 않지만, 차가운 교회당 내부와 목조 벽, 그리고 흙먼지와 꽃 냄새는 생생하게 기억한다. 교회당 안에서의 의식이 끝나고 밖에 있는 교회 계단으로 나갔을 때, 장지로 이동하기 위해 잠시 장례식의 흐름이 끊기는 시간이 있었다. 나는 혼자 계단에 서 있었다. 정장을 차려입은 사람들 사이에서 어머니나 아버지, 여동생들을 찾을 수 없었다. 그래서 우두커니 서 있는데, 옆에서 농부이자 우리 할아버지, 할머니의 오랜 친구였을 사람들이 나누는 이야기가 귀에 들려왔다. 그들은 교회 밖을 나서자 모두 곧바로 하늘을 향해 고개를 들었다. 푸르고 맑은 아름다운 여름날이었다. 그들은 하늘을 쳐다보며 농부들이 보통 그러하듯이 날씨에 대해 서로 한마디씩 하기 시작했다. 아무 일 없다는 듯 날씨 얘기만 이러쿵저러쿵하는 그들은 내가 거기 서서 자기들 이야기를 귀담아듣고 있다는 사실을 알아채지 못한 것 같았다. 그때 나는 속으로 이렇게 생각했던 것 같다. '50년 넘게 당신들의 좋은 친구였던 우리 할아버지가 아직 땅에 묻히지도 않았는데, 당신들은 벌써 날씨 따위나 이야기하고 있군.' 나는 전혀 이해할 수 없는 그 상황에 무척 화가 났고 매우 혼란스러웠다. 속에서 분노가 끓어오르는 것을 느꼈지만 무슨 말을 해야 할지 몰랐다. 그래서 돌아서서 그 자리를 떴다. 복받쳐오르는 흐느낌 때문에 목이 메었다. 그후, 나는 그것이 당시 농부들의 사는 모습이었으며, 지금도 농부들의 삶은 변함이 없다는 것을 이해하게 되었다. 그때 교회 계단에 서 있던 사람들 중 누군가가 할아버지보다 먼저 죽었다면 할아버지 역시 거기 서서 다른 사람들과 날씨에 대해서 이야기를 나누고 있었을 것이다. 그곳에서는 모든 일이 농사와 수확을 중심으로 돌아가기 때문이었다. 누군가가 죽더라도 삶은 계속된다.

어렸을 때 나는 완벽한 시골 풍경을 꿈꿨고 그림을 그릴 때마다 그 모습을 화폭에 담았다. 다른 남자아이들은 대개 커다란 바퀴가 달린, 차체가 바닥에 바짝 붙은 스포츠카를 그리고 옆면에는 경주 번호를 색칠해 넣었다. 반면에 여자아이들은 다른 소녀의 초상화를 주로 그렸다. 남자아이들은 가능한 한 자기 차를 멋지게 그리고 검은색 배기가스들로 여백을 채웠다. 여자아이들은 가능한 한 귀엽게 초상화를 그렸는데, 남자아이들이 자동차 배기가스의 양을 과장해서 그린 것처럼, 초상화 주인공 소녀의 눈과 입술, 귓불을 좀 과장되게 크게 그렸다.

나는 자동차에 흥미가 없었고, 여자아이들도 내게는 관심 밖이었다. 나는 대신에 자연풍경을 그렸다. 내가 그리는 풍경화에는 늘 사람이 없었고, 초록색과 갈색, 검은색과 파란색으로 채색되어 있었다. 그것은 주로 작은 오두막 주변의 다양한 풍경들을 담은, 풍경화 하면 누구나 머릿속에 떠오르는 그런 그림들이었다. 그 그림들에는 고전적인 문화 풍경의 가장 중요한 구성요소들이 담겨 있었다. 숲, 농장, 호수, 그리고 오솔길. 나는 조경사처럼 화폭에 서로 다른 요소들을 배치시키고 중앙에 오솔길을 그렸다. 그 길은 숲과 농장, 호수와 연결되어 있었다. 그 오솔길은 서로 반대편에 있는 두 지점을 연결하는 가장 짧거나 간단한 길이 아니라, 지형을 따라 구불구불 이어져 있었다. 내가 그린 그 길은 힘을 아낀다는 관점에서 보면 매우 비합리적이었다. 나는 최대한 이리저리 돌고 돌아 걸었기 때문이다. 돌아가면 갈수록 길은 더 많아진다는 것이 내 생각이었다. 완전히 평평하게 보이는 것 같은 지형에서도 오솔길은 늘 구불구불 이어져 있었다. 곧게 뻗은 일직선 길이 나오는가 싶으면 곧바로 구불구불한 길로 바뀌었다. 나는 곡선을 많이 그렸다. 직선은 포장도로를 연상시켰고 포장도로는 스포츠카를 좋아하는 남자아이들이 좋아하는 길이었다.

모든 일은 반드시 어떤 장소에서 일어나야 한다. 유명한 전투, 낭만적 조우, 결정적인 축구 경기, 중요한 조약이나 협정. 그런 사건들은 저마다 어떤 풍경을 배경으로 한다. 우리의 기억도 그러하다. 우리는 흔히 어떤 일이 "일어났다"고 말한다. 우리는 물리적 환경을 기억하는 것만큼 추상적 생각들을 기억하지 못한다. 당신이 누군가에게 차인 적이 있었다면, 당시에 그들이 했던 말이나 그들이 어떤 단어를 썼는지 정확하게 기억하지 못할지 모르지만, 그들이 그런 말을 했을 때 당신이 어디에 있었는지는 거의 확실하게 기억할 것이다.

나는 늘 극작가 윌리엄 셰익스피어의 유명한 말, "세상은 온통 무대다"가 바로 이런 생각과 관련이 있다고 믿었다.

> 세상은 온통 무대고,
> 그 위의 모든 남녀는 그저 배우일 뿐이지.
> 그들은 다 저마다의 퇴장과 등장의 순간이 있고,
> 한 사람이 주어진 시간에 여러 가지 배역을 한다네.[16]

이 인용문이 내가 생각하는 것과 완전히 다른 어떤 문제를 다루고 있더라도 내게 큰 문제는 아니다. 내가 이해한 것은 그것이 우리가 맡은 배역보다는 우리가 그 배역을 연기하는 장소를 더 강조하고 있다는 사실이다. 모든 사건은 우리가 참여자인 어떤 장소, 어떤 풍경에서 일어난다. 훗날 그 풍경들은 우리 머릿속에 떠오른다. 모든 사건은 그것을 둘러싼 환경과 매우 불가분하게 연결되어 있기 마련이어서 그 주변 풍경과 독립적으로 우리 기억 속에 남아 있을 수 없기 때문이다. 일부러 길을 내지 않기 위해 트베르가스테인 산꼭대기에 있는 자신의 오두막까지 한 번도 동일 경로로 오른 적이 없었던 아르네 네스는 이러한 생각을 생명의 철학 Life's Philosophy이라고 표현했다.[17] 나는 나 자신과 오두막을 명확히 선을 긋듯이 구분하지 않는다. 아르네 네스가 자신의 오두막에 대해 생각한 것처럼, 그와 그의 오두막은 동전의 양면에 불과했다.

프랑스 철학자 모리스 메를로퐁티의 사상은 인간의 경험세계에서 특별히 몸의 역할을 강조하는 아네트 비쇼프의 길에 대한 박사학위논문의 이론적 기반을 제공했다. 그 철학자는 우리가 세상 속에 존재하고 있기 때문에 우리 자신을 알 수 있는 곳은 오직 여기라고 말한다. 메를로퐁티의 말은 자연풍경을 따라 길을 걷을 때 경험한 것을 떠올리게 한다. 당신이 거기에 있으면 그곳은 당신에게 세상 전부라는 것이다. 비쇼프는 이렇게 말한다.

> 인간 존재의 기본 조건은 몸이 세상에 존재한다는 것이다 (…) 우리는 세상 속에 잠겨 있고 우리는 몸을 통해 세상을 받아들인다. 우리는 길을 걸을 때, 우리의 몸을 통해 주변 환경을 느낀다. 바람이 피부를 스치고 햇살이 얼굴에 부서지고 땅 위의 바위, 자갈, 풀, 모래, 뿌리, 돌 들이 발바닥 밑에서 느껴진다.

어쩌면 풍경은 방랑하는 석기시대 유목민들을 위해 늘 바뀌고 있었는지도 모른다. 어쩌면 석기시대 사람들은 그런 식으로 특정한 지리적 영역에 얽매이지 않고 끊임없이 변화하는 풍경과 긴밀하게 연결되어 있었는지도 모른다. 아마도 인간과 특정한 풍경과의 연관성이 그들의 정체성 형성에 점점 더 강력하고 결정적인 것이 되면서 그것이 성, 종교, 언어, 문화, 사회적 분류보다 더 중요해진 것은 바로 인간이 정착하기 시작한 농경혁명 이후였을 것이다. "향수병"이라는 단어와 영화 속 주방에 늘 걸려 있기 마련인 자수로 짠 〈즐거운 우리 집〉이라는 작은 그림들을 생각해보라.

우리가 그리워하는 것은 사람이 아니라 장소다. 샌프란시스코에 살고 있는 뉴요커들은 뉴욕에 사는 사람들이 아니라 뉴욕을 더 그리워한다. 캐나다인들은 캐나다를 그리워한다. 이탈리아인들은 이탈리아를 그리워한다. 칠레인은 칠레를 그리워한다. 하물며 다시는 볼 수 없을지도 모른다는 것을 알면서 조국을 떠나야만 했던 사람들, 남은 생애 동안 떠나온 곳으로 더이상 돌아갈 수 없는 사람들의 심정은 어떠했겠는가?

노르웨이 극작가 헨리크 입센은 이탈리아에서 살고 있을 때 노르웨이를 배경으로 한 희곡 「페르 귄트Peer Gynt」를 썼다. 크누트 함순은 파리에서 살고 있을 때 노르웨이의 숲을 배경으로 전개되는 장편소설 『목신 판』을 썼다. 시간의 흐름 속에서 특정 장소를 대상으로 작곡된 사랑의 노래들도 많이 있다. 〈스위트 홈 앨라배마Sweet Home Alabama〉 〈조지아 온 마이 마인드Georgia on My Mind〉 〈뉴욕, 뉴욕New York, New York〉 〈아이 레프트 마이 하트 인샌프란시스코I Left My Heart in San Francisco〉가 그런 노래들이다. 어쩌면 아르네 네스가 옳았는지도 모른다. 인간과 장소는 서로 확연하게 구분할 수 없기 때문에 아마도 그 둘은 아주 긴밀한 관계에 있다고 할 수 있을 것이다.

전에 노르웨이 오리엔티어링 국가대표팀 코치 케넷 부크와 이야기를 나누었을 때, 그는 선수들이 홈 경기장에서 경주를 하는 것이 매우 유리하다고 했다. 그 말은 경기가 스위스에서 열리면 스위스 선수가 유리하다는 것만을 의미하는 것이 아니다. 스위스 대표팀 선수들 또한 경기가 열리는 장소가 어디냐에 따라 저마다 유리한 정도가 다 다를 것이다. 스위스의 특정 지역에서 경기가 열리면 그 지역 출신 선수는 다른 나라에서 온 선수들보다 당연히 훨씬 더 유리할 뿐 아니라, 자국의 다른 지역 출신 선수들보다도 유리할 것이다.

우리가 어떤 풍경에 대해서 기억을 떠올릴 때, 당신이 어른이냐 아이냐에 따라 그 기억은 크게 차이가 난다. 어른은 그 풍경이 펼쳐진 곳이 어딘지, 그곳이 얼마나 넓은지, 그곳에서 어떤 종류의 자연풍토를 만날 수 있는지에 대해서 잘 안다. 하지만 아이는 그것에 대해서 전혀 모른다. 그들은 풍경에 대한 지식이 전혀 없다. 풍경을 더 큰 맥락에서 이해하지 못하며, 다른 풍경과 비교할 줄도 모른다. 아이에게 지금의 풍경은 그가 가지고 있는 모든 것이다. 따라서 이 풍경은 세상에 단 하나밖에 없는 것이다.

아이들은 서서히 커가면서, 주위 풍경을 전과 다르게 보기 시작한다. 개울, 산, 숲, 호수의 풍경들을. 그들은 모든 것을 이해하고 풍경을 말로 묘사하기 시작한다. 예전에 유일무이했던 풍경은 이제 많은 풍경 중의 하나가 된다.

이 과정은 세상의 신비함이 어떻게 벗겨지고 해명되는지를 보여준다. 따라서 어쩌면 우리가 어렸을 때 걸었던 길들을 다시 걷고 싶을 때 굳이 어릴 때 기억을 되살리려고 애쓸 필요가 없는 이유가 바로 이것 때문인지도 모른다. 어릴 때 기억을 되살린다고 우리가 얻을 수 있는 것이 과연 무엇이 있겠는가? 당신은 오히려 당신을 한 개인으로 만들어내고 당신에게 아주 멋진 경험을 선사했던 곳이 사실은 매우 평범한 장소에 불과하다는 것을 발견할지도 모른다. 그러나 마법은 바로 그 평범함 속에 있는 것이 아닐까? 실제로 우리가 때때로 어른이 된 것에 대한 아쉬움이나 옛날의 향수를 느끼는 것은 바로 이런 이유 때문이 아닐까? 왜 우리는 지금 성인으로서 사는 시간보다 더 단순하고 더 구체적이었던 과거의 시간을 그리워하는 걸까? 아주 작은 것 하나도 놓치지 않는 아이들의 눈과 평범한 것에 몰두할 줄 아는 그들의 능력이 아쉬운 것은 아닐까?

할머니는 할아버지가 돌아가시고 나서 몇십 년을 더 사셨다. 우리 가족에게 할머니는 당신 세대의 마지막 어른이었다. 나는 할머니와 앉아서 당신이 평생 살아온 이야기를 처음부터 끝까지 듣지 못한 것이 못내 아쉬웠다. 나는 할머니에게 그녀 자신과 할아버지, 농장, 오두막 그리고 그 뒤로 난 오솔길에 대해서 이야기해달라고 한 번도 청해본 적이 없었다.

할머니는 1차세계대전 발발 직후에 태어나서 거의 아흔 살까지 살다 돌아가셨다. 그녀는 거의 시대의 발전 속도를 따라가기 어려울 정도로 급격한 변화의 시기를 살았던 세대에 속했다. 그녀가 태어났을 때는 말과 마차의 시대였지만 그녀가 삶을 마감할 때는 자동차와 고속도로, 스마트폰 앱으로 증손자의 사진을 내려받는 시대였다. 할머니는 평생을 가장 가까운 읍내에서 8킬로미터 정도 떨어진 호수 옆 농장에서 농사를 지으며 지냈다.

할머니는 양로원에서 생을 마감할까봐 걱정했다. 그 말을 특별히 야단스럽게 하지는 않았지만, 모두가 그녀의 뜻을 이해했다. 나도 죽을 때까지 여기서 살고 싶다.

할머니는 결코 양로원에서 생을 마감하지 않았다. 그녀는 내내 건강하게 살다가 병에 걸린 뒤 죽음을 맞이했다. 그러고는 인근 읍내의 작은 교회 묘지의 할아버지 무덤 옆에 묻혔다. 장례식이 끝난 뒤, 우리는 농장과 호수, 그리고 주변의 지형이 훤히 내다 보이는 언덕 꼭대기에 있는 자그마한 흰색 공회당에서 소박한 추모식을 올렸다.

우리는 스튜를 먹고 커피를 마시며 돌아가신 할머니에 대한 이야기를 나누었다. 외가 쪽 사람들은 아이가 태어나 축하하는 날이든 사람이 죽어 추모하는 날이든 늘 스튜를 먹는다. 그것은 할머니로부터 물려받은 전통이었다. 할머니의 자식들이 한마디씩 했다. 그 손자들은 귀기울여 들었다. 그녀의 증손자들은 마치 아무 일도 없었다는 듯 주위를 뛰어다녔다. 모두가 거기 있었다. 거기 유일하게 없는 사람은 할머니였다.

나는 밖으로 나갔다. 그녀의 하루하루, 모든 세월, 평생의 삶이 펼쳐졌던 풍경을 둘러보았다. 그녀가 없는 이곳이 여전히 존재할 수 있다는 사실이 무척 낯설어 보인다는 생각이 들었다. 자연의 풍경이라는 맥락에서 보면, 할머니의 삶은 아주 잠깐 머물다 사라진 순간에 불과했지만, 내 마음속에는 늘 거기에 살아 계셨다. 그 장소는 할머니와 끊으려야 끊을 수 없는 인연으로 연결되어 있었다. 할머니 없는 그곳은 상상할 수 없었다. 나는 할머니도 그곳을 그런 눈으로 바라보았을 게 틀림없다고 생각했다. 그녀는 또한 농장을 마음속에 그리지 않고는 자신을 설명할 수 없었다. 그곳이 없는 자신의 존재는 상상할 수도 없었다.

4부

출발점으로
돌아가다

자동차 운전을 멈추고 걷기 시작한 지 1년이 지났다. 그렇게 한 해를 보내면서 나는 서서히 변화했고 봄이 다시 시작되는 문턱에서 있을 즈음엔 육체적으로 매우 큰 변화가 일어났음을 느꼈다. 나는 새로운 사람, 아니 아주 옛날 사람이 되었다. 미래로 나아가기보다는 과거로 거슬러올라가 이리저리 떠돌며 유목생활을 하던 우리 선조들처럼 방랑하는 사람이 되었다.

어디 갈 데가 있으면 걸어서 갔고, 늘 배낭을 멨다. 배낭은 책을 비롯해 사무용품 같은 일상에서 필요한 물품들로 차 있었다. 한곳에서 다른 곳으로 이동할 때 내게 필요한 것들이 늘 들어 있었다. 딱히 배낭에 넣을 게 없을 때에도 나는 항상 배낭을 멨다. 배낭을 안 메면 벌거벗은 것 같았기 때문이다. 배낭은 내 몸의 일부가 되었다. 마치 단봉낙타의 혹처럼 배낭을 등에 늘 달고 다녔다.

겨울이 끝났다. 빛이 돌아왔다. 철새들이 전국적으로 날아왔다. 넉 달 동안 눈더미 밑에서 동면하고 있던 오솔길들이 다시 모습을 드러내기 시작했다.

내가 기다려온 순간이었다. 5월 첫날, 나는 마침내 때가 되었다고 결심했다. 숲은 겨울에 쌓인 눈이 녹은 물로 흠뻑 젖어 있었다. 응달에 쌓인 눈은 여전히 무릎 높이까지 빠졌지만, 그래도 걸어 다닐 만할 정도로 길이 나 있을 거라 믿고 길을 나섰다. 그런데 이번에 걸을 길은 그동안 내가 계획했던 그 어떤 길들과도 달랐다. 그 길은 바로 우리 오두막 뒤로 난 내 인생의 오솔길로, 그 길 자체가 고유명사이듯이 내 삶에 하나밖에 없는 그런 길이었다.

어린 시절의 우리 오두막은 인적이 드문 곳에 위치해 있다. 나는 늘 자동차를 타고 그곳에 갔다. 하지만 이제는 뇌전증 때문에 차를 몰 수 없는 신세가 되었다. 그렇다고 누군가에게 차를 태워 달라고 부탁하고 싶은 마음도 전혀 없었다. 시외버스나 기차 같은 대중교통 수단을 이용할 방법이 있는지 찾아보았지만, 거기까지 가는 차량은 하나도 없었다. 그렇다면 유일한 대안은 두 발로 걸어가는 것이었다. 하지만 차를 타지 않고는 오슬로에서 거기까지 적어도 일주일을 내리 걸어야 하기 때문에 그렇게 할 수는 없었다. 그래서 나는 우리 오두막에서 가장 가까운 기차역인 라르비크까지 기차를 타고 가서 거기서 오두막까지 걸어가기로 했다. 거기서 오두막까지도 여전히 꽤 먼 거리지만, 자동차로 가득한 포장도로 대신에 적어도 인적이 없는 수풀이 우거진 지역을 관통해서 걸을 수 있는 이점이 있었다.

배낭을 꾸려 가족에게 작별인사를 하고 집을 나설 때는 이미 저녁이었다. 집에서 오슬로 중앙역까지 걸어서 한 시간쯤 걸린다는 것을 알고 있었다. 기차역 계단 위에 올라가 출발과 도착 시간이 점멸하는 커다란 디지털 전광판 앞에 섰을 때, 내가 걸을 때를 완벽하게 맞췄다는 사실에 매우 만족했다.

나는 그날 밤 마지막 남행열차를 타고 오슬로를 떠났다. 몇 시간 뒤 라르비크역에 기차가 멈췄고 나는 기차에서 내렸다. 밤 날씨는 축축하고 매우 쌀쌀했다. 빗물 때문에 아스팔트도로는 새로 광택을 낸 값비싼 자동차의 덮개처럼 반짝거렸다. 빗물이 고인 물웅덩이들이 가로등 불빛을 반사했다.

나는 예약해놓은 호텔에 들어갔다. 호텔은 널찍하고 사람이 거의 없었다. 내가 알기로 손님은 나뿐이었다. 로비에서 카드 열쇠를 받아 예약해둔 방으로 갔다. 배낭에 싸가지고 온 것들을 꺼내 방바닥에 늘어놓았다. 바람막이 한 벌, 비옷과 여분의 양말, 양털 재킷 한 벌과 등산바지, 양모 스웨터, 반바지, 커피, 등산용 버너, 지도와 나침반, 작은 칼 하나, 컵 하나, 약간의 먹거리, 카메라 한 대.

침대에 누워 지도를 보았다. 라르비크에서 정북으로 호텔에서 걸어서 30분 거리에 커다란 호수가 있었다. 우리는 어렸을 때 오두막에서 그 호수를 볼 수 있었다. 그 호수는 길게 뻗어 있었지만 폭이 좁았다. 남쪽에서 북쪽으로 뻗어나간 모양이었다. 라르비크는 남쪽에 있었고, 우리의 자그마한 오두막은 북쪽 끝에 있었다. 지도는 호수의 동쪽 측면을 따라서 수풀이 우거진 지역을 통과하는 도보탐방로 네트워크를 보여주었다. 그 길들은 붉은색으로 표시되어 있었고 모두 서로 다른 방향으로 이어졌다. 나는 그 가운데 어떤 길로도 가본 적이 없었지만 그냥 북쪽으로만 간다면 오두막에 어떻게든 가닿을 것임을 직감했다.

스마트폰 알람을 다음날 새벽 4시로 맞춰놓았다. 잠들기 전에 마지막으로 한번 더 내일 일정을 빠르게 속으로 점검했다. 해가 뜨는 때부터 해가 질 때까지 한 번도 걸어본 적이 없는 미지의 숲으로 난 길을 걸을 것이다. 그 지형만 놓고 볼 때, 거리는 20~30킬로미터를 넘지 않았다. 예상되는 거리에 맞게 걷는 속도를 조절할 필요가 있을 것이다. 적어도 반나절은 걸어서 오두막에 도착할 생각이기 때문에 매우 느리게 걸어야 할 것이다. 몇 주 전에 이런 여행 계획이 문득 떠오른 뒤부터 그것이 점점 더 매력적으로 느껴졌다. 오늘날 우리 문화는 모든 것을 가장 빠른 것에 초점을 맞추어 생각한다. 가능한 한 느리게 움직이려고 애쓰는 것은 아무것도 없다. 나는 갑자기 새로운 걷기 방식의 선두에 선 개척자 같다는 느낌이 들었다. 다음날 하루를 온종일 가능한 한 느리게 걸을 생각이었다. 어쩌면 나는 그런 생각을 가진 최초의 사람일지도 몰랐다.

내 계획은 대강 이랬다. 해가 뜨면 걷기 시작해서 해가 지면 걸음을 멈춘다. 오두막에 도착하면 거기서 하룻밤을 묵는다. 다음날 아침에는 작은 오솔길을 걷는다. 그 길이 어렸을 때 기억대로 그대로 남아 있는지, 그 주변의 모습도 모두 그대로인지, 아니면 아주 오래전에 그 길을 둘러싼 풍경에 이미 잠식되어버렸는지 내일 아침이면 알게 될 것이다.

다음날 아침, 알람 소리에 잠에서 깼다. 잠에 취한 듯 침대에 달라붙어 일어나기가 싫었다. 마지못해 잠자리에서 일어나 창문 커튼을 열었다. 호텔 창문 밖은 아직 어두웠지만 비는 그쳤다. 나는 배낭을 싸서 로비로 내려갔다. 호텔 접객담당자는 아직 날도 밝지 않았는데 이 호텔의 유일한 손님이 퇴실하려고 하는 것에 적이 실망하고 놀란 것처럼 보였다. 호텔 접객담당자를 만족시켜 주려면 몇 시간 더 잤어야 했지만, 내겐 할일이 있었고 걸어서 통과해야 할 숲이 앞에 있었다.

호텔을 떠나 라르비크의 텅 빈 거리를 느긋하게 걸었다. 그 작은 도시는 잠에 빠져 있었다. 갈매기들만이 어둠 속 하늘을 날고 있었다. 나는 아주 오래된 옛길의 유적들이 있는 한 평화로운 너도밤나무숲에 이르렀다. 계획된 도보탐방을 시작하기 전에 한 번 보고 싶었던 곳이었다. 한때 바이킹이 여기에 살았다. 그 신비에 싸인 전사들과 그들이 타고 다닌 작지만 강인한 말들은 천 년도 훨씬 전에 이미 수많은 오솔길, 움푹 꺼진 좁은 길을 후세에 남겼다.

움푹 꺼진 좁은 길, 흔히 할로웨이holloway라고도 불리는 그 길은 기원전 500년까지 거슬러올라가 사람들이 걷거나 말을 타고 달리면서 만들어진 독특한 형태의 길이다. 그 길은 유럽 전역에서 볼 수 있다. 그 길이 그런 이름을 얻게 된 것은 그 길의 통행량이 매우 많아서 길에 터널처럼 홈이 깊게 파였기 때문이다. 그래서 어떤 사람들은 움푹 꺼진 길보다 그 위 양옆으로 제방처럼 이어진 곳으로 걷거나 말을 몰고 가기를 더 선호했다.

라르비크의 너도밤나무숲은 노르웨이에서 도보탐방로 구역으로 인기 있는 곳이다. 그곳 자연환경의 역사와 지리, 동물들에 대한 정보를 알려주는 안내판들이 탐방로들을 따라 줄지어 서 있다. 나는 매우 흥미롭게 그것들을 모두 읽었다. 하지만 내가 정작 보고 싶은 것은 할로웨이였다. 약간의 탐색 끝에 마침내 할로웨이를 발견했다. 그곳도 역시 이정표가 세워져 있었다. 이정표가 없었다면, 거기를 그냥 지나쳐가버렸을지도 모른다.

할로웨이가 거기라는 것을 알게 되자 어떤 깊은 우울함이 숲의 바닥을 따라 침잠해 있음을 쉽게 느낄 수 있었다. 숲의 바닥은 썩은 낙엽들이 두터운 층을 이루고 있었다. 하지만 그럼에도 불구하고 폭이 2미터이고 깊이는 50센티미터 정도 되는 움푹 들어간 길이 눈에 들어왔다. 바이킹이 걸던 길이었다. 마음속으로 그들을 상상했다. 검과 방패를 들고 머리에는 투구를 쓰고 텁수룩한 긴 수염을 휘날리는 말없는 음산한 분위기의 장정들의 행렬. 나는 이런 상상이 어쩌면 그들이 당연히 받아야 할 신망과는 전혀 관련이 없을지도 모를 지나치게 단순화된 모습이라는 것을 알고 있었다. 실제로 그들의 문화는 훨씬 더 다양했다. 하지만 역사에 기록된 바이킹의 운명은 봉인된 지 이미 오랜 세월이 흘렀고, 그들은 잔혹하고 호전적인 사람들로 언제까지고 사람들의 기억에 남아 있을 것이다.

내가 서 있던 곳에서 불과 몇백 미터 떨어지지 않은 너도밤나무숲의 반대편에는 4차선 고속도로가 있고, 그 바로 너머로 커다란 호수가 있었다. 고속도로는 오늘날 자동차 운전자들이 기대하는 기준에 맞추기 위해 최근에 현대식으로 보수, 확장되었다. 욘과 내가 30년 전 겨울밤에 카누를 타고 노를 저어 호수로 나아갔을 때 보았던 불빛은 바로 이 고속도로에서 나온 것이었다. 이제

나는 이 이른 봄날 아침에 자동차 운전자들을 마음속에 떠올렸다. 바이킹의 후예, 유목민의 후손들, 값비싼 자가용을 타고 가는 사람들, 금융이나 정보기술 관련 부서의 중요한 회의에 참석하기 위해 제복과 정장을 차려입고 시내로 통근하는 사람들 말이다.

나는 아주 오래된 너도밤나무의 줄기들 사이로 새로 단장된 고속도로를 바라보며 묘한 기분에 빠졌다. 여기서 나는 한 발은 과거에, 다른 한 발은 현재에 딛고 서 있었다. 할로웨이에서 고속도로까지의 거리는 단 10분이지만, 바이킹과 금융가, 옛길과 현대식 고속도로 사이의 거리는 천 년의 시간, 몇 광년의 머나먼 발전의 간극이 존재했다.

고속도로 아래로 자그마한 자갈길이 이어졌다. 그 길을 따라갔다. 반대편에 도달했을 때, 우거진 숲과 호수가 보였다. 나는 곳으로 걸어갔다. 햇살이 목 위에 떨어졌다. 반짝이는 백색광이 수면 위로 쏟아졌다. 도시와 고속도로는 뒤에 있고, 숲의 풍경과 길은 앞에 있었다. 배낭을 어깨에 메고 걷기 시작했다. 자유로움과 행복감을 느꼈다. 나는 한 자그마한 모험, 자아 발견의 아주 작은 여행의 문턱에 있었다. 나는 내가 있는 곳이 어딘지 몰랐지만, 어디로 가고 있는지는 알았다. 그 작은 읍내를 통과하는 길은 단지 서막에 불과했다. 오두막으로 떠나는 내 긴 여정의 진정한 시발점은 바로 여기였다.

만일 1만 년 전, 구석기시대에서 신석기시대로 넘어가기 중간 단계인 중석기시대에 살았다면, 나는 아마 10~20명씩 무리지어 다니는 작은 씨족 집단에 속해 있었을 것이다. 그래서 우리 무리는 그때까지 아무도 발을 들여놓은 적이 없는 자연환경, 즉 마구 떠돌아다니는 유빙에 의해 우연히 불확실하게 형성된 땅에 들어간 최초의 인간이었을 것이다.

우리가 그 같은 곳에 정착한 최초의 사람이었다면, 우리는 과연 무엇을 했을까?

우리는 야영을 하기 좋은 장소를 발견해서 그곳에 임시 피신처를 지었을 것이다. 그러고는 그 장소가 비바람을 확실하게 막아주고 물에서 가까우며 주변 지형을 잘 볼 수 있는 시야가 확보되는 곳임을 확인했을 것이다. 이후 먹을 것을 찾아 나서 사냥을 하고 과일 같은 열매들을 채취해 왔을 것이다. 따라서 무기와 간단한 도구들이 필요했을 테고, 화살대와 도낏자루를 만들기 위해 나무를 베고 화살촉과 도끼날을 만들 마땅한 돌을 찾아 나섰을 것이다. 그래서 어렵사리 사슴을 한 마리 잡았다면, 우리는 사슴의 뼈와 뿔을 활용해서 또다른 도구들을 만들 수 있었을 것이다. 뼈로는 칼이나 낚싯바늘을 만들고 근육힘줄로는 낚싯줄과 실을 만들었을 것이다. 모닥불을 피우기 위해서는 땔감이 필요했을 것이다. 온도가 상승할 때도 추위에 떨어야 하는 세상에서 불은 필수였다.

우리는 이제 그곳 지형을 훤히 꿰게 되었을 테고 다른 모든 생물들처럼 곧바로 습관을 형성했을 것이다. 우리는 사냥하고 채취하고 땔감을 구하기 위해 밖에 나갈 때마다 이전에 갔던 곳들을 호를 그리며 반복적으로 훑었을 것이다. 나는 다른 사람들을 따라갔을 것이고, 다른 사람들도 나를 따라왔을 것이다. 우리는 서로가 선택한 길들에 대해 신뢰감을 갖게 되었을 것이고, 곧이어 그 지형을 연결하는 중요한 작은 길들이 생겨났을 것이다. 그 길은 우리의 이동을 단순화했을 뿐 아니라 우리 가운데 누군가 길을 잃었을 때 야영지를 찾아 되돌아올 수 있도록 인도했을 것이다.

우리는 한동안 그 야영지에 머물렀을 것이다. 주변에 있는 자원이 고갈되거나 사냥감이 이동하면, 우리는 기존의 야영지를 부수고 다른 곳으로 이동했을 것이다. 야영지를 옮길 때는 소유하고 있던 가죽옷이나 작살, 낚싯바늘, 도끼 같은 것들을 가지고 갔을 것이다. 우리는 북쪽으로 계속 갔을 것이다. 생존을 위해, 그리고 탐험의 충동에 이끌린 우리는 지형을 분석하고 미지의 풍경 속으로 들어가는 길을 개척해나갔을 것이다.

석기시대 인류가 걸었던 길들 가운데 오늘날까지 남아 있는 것은 아무것도 없다. 그 이전에 만들어진 길이 남아 있을 리는 더더욱 만무하다. 그 길들은 이미 오래전에 사라졌다. 그 길들이 만들어졌을 때의 자연풍광이 지진이나 운석, 폭풍, 홍수, 화산폭발, 빙하기, 대륙이동으로 알아볼 수 없을 정도로 완전히 바뀌었기 때문이다. 하지만 인류의 조상, 약 700만 년 전 이른바 아르디피테쿠스가 아프리카 사바나지대의 나무에서 기어내려오고, 그 뒤를 이어서 오스트랄로피테쿠스, 호모하빌리스, 호모루돌펜시스, 호모에렉투스, 호모하이델베르겐시스, 호모네안데르탈렌시스, 그리고 마침내 우리 호모사피엔스가 따라 걸었던 그 길들이 존재했다는 사실은 확실하다.

생물발생적 관점에서 보면, 아르디피테쿠스는 두 발로 걷기 시작함으로써 인류의 가장 중요한 존재 기반 가운데 하나인 두 발로 걸어 이동하는 능력bipedal movement의 도래를 알린 영장류에 가장 근접한다.

인간은 두 발로 걷는다. 진화적 관점에서 보면, 이러한 이동방식은 우리의 거대한 두뇌만큼이나 인간에게 큰 이점을 제공했음을 명백하게 보여주었다. 우리는 직립보행을 하기 시작하면서 두 팔이 완전히 해방되었고 따라서 두 손도 자유로워졌다. 이것은 다시 말해서 이제 자기 자식을 손으로 감싸안고 다닐 수 있다는 것이며, 그에 따라 집단으로 이동하는 것이 가능해지고 동시에 더 빨리 움직일 수 있다는 것을 의미했다.

수천 년 동안 두 발로 걸어 이동하는 능력은 인간의 손이 진화하는 것에 기여했다. 한때 앞발이었던 것이 타의 추종을 불허하는 운동 기능을 갖춘, 정교하게 쥘 수 있는 도구로 발달했다. 손가락의 움직임은 점점 정교해지면서 완벽한 손재간을 발휘하는 단계로 나아갔다. 정교한 운동 기능을 갖춘 손가락의 발달은 인간 진화의 가장 중요한 단계였다. 그것은 인간이 발전된 도구를 만들어 내고 창조할 수 있게 했다.

인간의 가장 가까운 친척뻘 되는 침팬지 또한 부분적이나마 두 발로 걷는다. 하지만 침팬지는 네발로 움직이는 때가 더 많다. 침팬지는 지금도 여전히 나무에서 산다. 따라서 나뭇가지와 줄기를 잡을 수 있는 손에 대한 의존도가 매우 높을 수밖에 없다. 하지만 인간의 손과 침팬지의 손 사이에는 명백한 차이가 있다. 침팬지의 엄지손가락은 나머지 다른 손가락들과 일렬로 나란히 있고, 같은 방향으로 기대고 있는 반면에, 인간의 엄지손가락은 다른 손가락들과 달리 손바닥 안쪽으로 돌아간다. 이런 생리적 특징을 "마주보는 엄지손가락opposable thumb"이라고 부르는데, 이것은 인간을 다른 종들과 구별케 하는 독특한 특징이다. 우리는 이 마주보는 엄지손가락으로 수를 놓아 작고 복잡한 고리들이 달린 깔개를 만들거나 아주 작은 미끼 구멍을 통해서 한 가닥의 가느다란 낚싯줄을 잡아당길 수 있다. 우리는 그 특징 덕분에 연필을 쥐고 글을 쓸 수 있고 아주 세밀한 그림도 그릴 수 있다. 또한 아주 정교한 도구를 만들고 첨단 마이크로공학도 발전시킬 수 있다. 신생아가 하는 최초의 행동 가운데 하나가 부모의 손가락을 손 가득히 잡는 것이다. 여섯 달이나 일곱 달만 지나면, 아기는 엄지손가락과 집게손가락으로 물건을 쥐어 들어올리는 법을 배운다. 그것은 "집게 잡기pincer grasp"라고 부르는 아기의 발육 과정에서 매우 중요한 이정표가 되는 단계다.

도시와 고속도로를 뒤로하고 나는 호숫가를 따라 계속 걸어갔다. 길은 널찍하고 반듯했다. 아침햇살이 호숫가에 내려앉자 새들의 지저귀는 소리가 점점 커졌다. 그 소리는 정점을 향해 달려가는 교향악단의 음악처럼 점점 고조되었다. 숲속 땅바닥에서는 보이지 않는 곤충들이 부산스럽게 이리저리 윙윙거리는 소리가 들렸다. 나는 생각에 잠긴 철학자처럼 천천히 거닐며 좌우를 돌아보다 멈추기도 하고 방향을 바꾸다 앞으로 나아가기를 반복했다. 나는 너무 느리게 걷다보니 거의 이동하지 않고 있었다. 마침내 삶의 종착점에 이르면 내 걸음걸이 또한 이와 같을 것이므로, 지금 미리 그것을 준비하는 것도 좋으리라는 생각이 들었다. 나는 미스테이크포인트에 있는 화석 달팽이였다. 그렇게 생각하니 발걸음을 옮길 때마다 점점 행복감이 솟아올랐다. 우리는 온종일 얼마나 느리게 이동할 수 있을까? 사람들은 이동하는 데 얼마나 많은 시간을 쓸 수 있을까? 나는 경쟁을 목적으로 하는 스포츠와 반대되는 아주 새로운 개념을 생각해냈다. 자부심과 만족감이 솟아올랐다.

시간은 늘 그렇듯 천천히 흘러갔다. 배가 고팠다. 호수 쪽으로 내려가니 바람을 피할 수 있는 장소가 있었다. 나는 등산용 버너

위에 커피 주전자를 올리고 시계를 보았다. 11시였다. 지도를 꺼내 지금까지 걸은 거리를 확인해보니 4킬로미터였다.

나를 비롯해 그 밖의 모든 사람이 어렸을 때 이런 식으로 걸었다. 우리는 걷다 서다 돌아서서 반대로 걷고 계속 가다 잠시 쉬고 다시 되돌아가곤 했다. 우리가 저녁 시간을 놓쳤을 때마다 어머니, 아버지에게 하던 말은 이랬다. "시간을 까먹었어요!" 대개 우리는 시간이 얼마나 흘러가고 있는지, 어디를 가고 있는지에 대해서 결코 생각을 멈춘 적이 없었다. 정해진 목표 없이 걷는 것은 세상에서 가장 자연스러운 일이었다. 일직선으로 똑바로 걷는 것은 무의미한 것처럼 보였다. 성큼성큼 서둘러 걷는 어른들을 따라잡기 위해 짧은 다리를 빨리 놀려야 했던 어릴 적 느낌을 아직도 또렷이 기억한다.

북유럽의 석기시대 사람들은 보다 남쪽에 살았던 인류들과 비교할 때, 거의 아무것도 가진 게 없었다. 지식과 문자 언어, 지도나 간단한 도구들도 전혀 없었다. 그러나 적어도 한 가지 기술만큼은 남쪽에 사는 동족들 못지않게 훌륭했다. 길을 찾아가는 능력.

그들은 빙하지대를 향해 걸었다. 황량하기 그지없고 따먹을 열매도 하나 없는 풍경, 북쪽으로 갈수록 더 추워지고 점점 더 존재하는 것이 보이지 않는 돌사막을 통과해 이동했다. 그들은 거기서 무엇과 마주칠지 전혀 몰랐다. 부족의 연장자들로부터, 또는 다른 씨족 집단들로부터 전해들은 어떤 생각이나 예견도 전혀 없었기에, 따라서 그들이 대면할지도 모를 것에 대비해서 준비한 것도 없었다. 그래서 그들은 그저 계속해서 걸었다.

석기시대 인류에게 삶은 태어나서 죽을 때까지 하나의 거대한 이동이었다. 인생은 하나의 여행이었다. 그것은 비유적 표현이 아니었다. 말 그대로였다. 집이나 고향 같은 것은 없었다. 따라서 향수병도 없었다. 그냥 이동하는 것 말고는 다른 생존 수단이 없었다. 『길 잃기 안내서』에서 리베카 솔닛은 이동은 생존을 위해 불가피했기 때문에 한곳에 남아 있는 것은 자살 행위와 마찬가지였다고 말한다.

"빙하기"라는 용어는 평균 기온이 급락하면서 북반구와 남반구의 얼음에 덮인 지역이 지구의 중심, 적도를 향해 서서히 확산되며 점점 커지던 지구 역사의 한 시기를 설명한다.

지구는 46억 년 전 생성된 이래, 여러 차례 빙하기를 겪었다. 규모가 큰 것도 작은 것도 있었고, 기간이 긴 것도 짧은 것도 있었다. 마지막 빙하기는 10만 년이 넘도록 지속되었다. 그것은 인간이 지구를 탐사하기 시작한 지 10만 년에서 5만 년 사이에 시작되었다.

과학자들은 북반구의 빙하가 그 마지막 빙하기에 중부유럽과 북아메리카대륙의 중앙으로 떠내려왔을 거라고 추정한다. 오늘날 프랑크푸르트와 시애틀이 있는 곳이 위도상으로 거의 같은 위치다. 빙하는 모든 것을 덮었고 전혀 녹지 않았다. 인간은 그 빙하의 언저리, 적도 방향에서 살았다.

빙하가 녹고 바다 수면이 높아졌지만, 땅덩어리는 훨씬 더 높이 솟아올랐다. 빙하의 무게가 지구의 표면을 짓누르자 곳곳에서 지각이 솟아오르고 툭 불거져나오면서 오늘날 우리가 아는 그런 풍경이 만들어진 것이다.

1만 1,000년 전에 그 빙하의 언저리가 틀림없었던 곳에서 불과 몇십 킬로미터밖에 떨어지지 않은 곳이 바로 지금 내가 서 있는 곳이었다. 당시에 이곳 풍경은 자갈과 돌로 가득했다. 초목은 거의 없었고 키 큰 나무들은 찾아볼 수 없었다. 이 지역에 최초로 생겨난 초목 가운데 하나인 키 작은 자작나무들만 드문드문 보일 뿐이었다.

그런 풍경은 석기시대 사람들에게 익숙하지 않았고 또 그들은 거대한 변화의 소용돌이 속에 있었다. 땅이 너무 순식간에 융기하는 바람에 겉으로 드러난 풍경의 모습은 한 세대 만에 완전히 바뀌었을지도 모른다. 그런 급변하는 풍경 속에서 길을 찾아가야 하는 인간은 도대체 무엇을 알아야 했을까? 그들은 그런 환경에서 자식 세대가 살아남도록 돕기 위해 어떤 지식을 물려주었을까? 그들은 흔히 그렇듯이 "그 길을 따라가라"라든가 "그곳이 좋은 야영지다"라고 쉽사리 말할 수 없었을 것이다. 그런 지식은 양도 가능한 것이 아니었다. 그들은 한두 세대에 걸쳐 어떤 특정한 길이나 야영지에 계속 머물지 않았을 것이기 때문이다. 석기시대의 인류는 어떤 구체적인 장소들에 대한 지식보다 주변 자연풍경의 특징들에 대한 일반적인 지혜를 가지고 있었을 것이 틀림없다. 그리고 그러한 정보는 개인의 생존과 문화의 보전을 좌우할 매우 중요한 요소였을 것이다.

천천히 걷는 것은 일종의 절제된 기술이다. 나는 내게 딱 맞는 보행 속도와 리듬을 찾기 위해 걷고자 노력했다. 나는 두 발이 어떻게 작동하는지, 발뒤꿈치가 바닥에 닿았다가 발바닥을 앞으로 굴리면서 발가락으로 차고 나가는 동작을 몸으로 느낄 수 있었다. 심지어 새끼발가락들도 여기서 한몫을 담당하고 있었다. 이 신기한 해부학적 세부 동작들은 기형적이면서 동시에 불필요한 것처럼 보이기조차 했다.

노르웨이의 그림 형제로 불리는 페테르 크리스텐 아스비에른센Peter Christen Asbjørnsen과 예르겐 엥에브레첸 모에Jørgen Engebretsen Moe는 동화들을 수집할 때, 문자로 거의 남겨지지 않았지만 여러 세대에 걸쳐 구전으로 전해진 옛이야기들에 대해 잘 알만한 사람들을 찾아다니느라 산길과 마찻길을 따라가며 이곳저곳을 걸어 다녔다. 나는 아스비에른센과 모에도 느릿느릿 걸어 다녔을 거라고 확신한다. 길에서 만난 사람들에게 신뢰를 얻어야 그들의 이야기를 들을 수 있었기 때문에, 그들이 걸음을 재촉하며 빨리 걸었을 거라고는 상상할 수도 없는 일이다. 주위에 있는 것들과 어울리지 않고 서둘러 달려드는 바쁜 사람을 신뢰할 사람은 아무도 없다는 사실을 아스비에른센과 모에는 잘 알고 있었음에 틀림없다. 그들이 느릿느릿 걸었던 게 틀림없다고 생각하는 것은 바로 이런 이유 때문이다.

동화는 이렇듯 이동을 통해 생겨나고 이동을 통해 수집되었다. 처음에 이 옛이야기들은 입에서 입으로 전해졌고, 아스비에른센과 모에는 훗날 그 이야기들을 이 마을 저 마을 다니며 모았다. 그 이야기들은 문자로 기록되는 순간까지 그것들이 구전으로 전해질 때 늘 그러하듯이 계속해서 내용이 발전하고 바뀌었다. 이야기들은 이야기꾼에 의해 윤색되었다. 어떤 것은 빠지고 어떤 것은 추가되었다. 길은 예나 지금이나 다르지 않다. 길 위를 걷는 사람들은 거기서 받은 주된 느낌을 따른다. 하지만 때때로 그들은 그 느낌에서 벗어날 때가 있다. 아주 많이는 아니지만 조금씩 말이다. 예컨대 폭우로 길이 물에 잠겼을 때나 나무가 길을 가로질러 쓰러졌을 때 같은 경우다. 길과 옛이야기는 둘 다 시간이 흐르면서 진화한다. 그것들은 결코 정체되어 있지 않다. 길은 그 위를 걷는 사람들에 의해, 옛이야기는 그것을 들려주는 사람들에 의해 늘 변화하고 있다. 동화에 관한 한, 이 끊임없는 진화는 옛이야기에 민속학으로서 더 큰 가치를 부여한다. 비록 그것이 진실과 현실성

차원에서는 신뢰성이 낮다고 하더라도 말이다. 동화는 오늘날 "풍문"과 거의 같은 의미로 쓰이는 표현인 "도시 전설vandrehistorie"* 이 되었다고 말들 한다. 따라서 동화는 이야기의 진위에 대한 신뢰도나 신용도가 낮을 수밖에 없다. 동화에 대한 이런 현대적 이해방식은 동화 속 이야기가 허위사실이나 심지어 악의적인 것으로 해석될 수 있는 생각들을 유포한다는 것을 암시한다.

길은 그것의 본질적 특성이나 그것이 만들어지는 과정 측면에서 볼 때 옛이야기를 연상시킨다. 길은 어떤 한 사람이 홀로 만들 수 있는 것이 아니다. 길은 먼 과거로 거슬러올라가 오랜 세월에 걸쳐 수많은 사람들이 걸어 다닌 행동이 모두 모여 만들어진다. 그렇게 길은 이야기와 닮았다. 그 둘은 처음부터 끝까지 이동으로 이루어진다. 이 둘은 모두 중간이 있다. 이야기 구성에서 이 중간점은 이야기의 줄거리에 가속도가 붙는 순간이다. 길에서는 이 중간점을 반환점이라고 부른다. 우리 가운데 많은 이는 그것을 되돌릴 수 없는 지점이라고 생각한다. 왜냐하면, 이 지점부터는 되돌아가는 것이 아무 의미가 없기 때문이다. 거기서는 그냥 끝까지 계속해서 길을 가는 편이 더 낫다.

*어깨너머로 들었다는 의미.

그날 나는 걷다가 두번째로 잠시 쉬었다. 그럴 필요는 없었는데 말이다. 지친 것도 배고픈 것도 아니었다. 매우 느리게 걷는 덕분에 걷고 있는 순간에도 몸이 스스로 기력을 회복하는 것 같았다. 주변의 풍경과 유난히 좋은 기분이 걷는 동안 써버린 기력을 재충전시켜주는 것 같은 느낌이었다. 나는 오스트레일리아 선주민을 뜻하는 애버리지니aborigine와 막 읽기를 마친 한 책에 대해서 생각했다. 그 책은 유명한 여행문학 작가 브루스 채트윈Bruce Chatwin이 쓴 『노랫길The Songlines』*로, 오스트레일리아 오지에 있는 그 옛날 애버리지니들이 다녔던 길에 대한 내용이다. 그 길들은 전통적 의미로 생각하면 눈에 보이지 않는 길이지만, 조상들이 노래했던 특정한 이정표들과 연결되어 있다.

애버리지니들은 자신의 존재 기반으로 들어가는 길을 노래하고 채트윈은 그러한 노랫길에 대해서 더 많은 것을 알고 싶어했다. 나는 그 책을 완독하고 나서도 여전히 채트윈이 그 개념을 정확히 이해했을지 의심스러웠다. 나 또한 그 의미를 잘 이해하지 못했지만, 그 노랫길이 애버리지니들이 자기네 정신세계와 문화를 구전을 통해 전승하고 있다는 사실뿐 아니라, 자연풍경을 바라보고 분석하는 그네들의 기술과 관련이 있다는 것은 알 수 있었

* 국내에서는 『송라인』으로 번역 출간.

다. 이런 의미에서, 애버리지니의 노랫길은 옛이야기와 닮았다.

애버리지니에게는 "워크어바웃walkabout"이라고 하는 통과의례가 있다. 그것은 어린 애버리지니가 아이에서 성인으로 변화하기 위해 반드시 거쳐야 하는 성인식 전통이다. 워크어바웃 의식을 진행중인 아이들은 "임시적인 이동성"의 상태에 있다. 그들은 일정 기간 동안 떠돌이생활을 하며 오스트레일리아 오지의 불타는 듯 뜨거운 광활한 황야지대를 홀로 여행한다. 워크어바웃의 목적은 어린 청소년들이 생존을 위해 필요한 기술을 익힐 수 있게 하는 것이지만, 애버리지니의 정체성과 역사를 확인한다는 측면에서 더 큰 의미가 있다. 이 어린 애버리지니들은 자기 조상들이 대대로 살아온 자연환경과 풍경을 거닐고, 선조들이 옛날에 만든 오솔길과 노랫길을 따라가면서, 그 속에서 자기네 전통과 정신적 뿌리와 소통할 기회를 가진다.

채트윈은 애버리지니의 노랫길을 "보이지 않는 길들의 미로" "일리아스와 오디세이아의 끈"이라고 묘사한다. 유럽의 백인들이 애버리지니들을 고향에서 추방하고 동화시키기 전까지, 어린 애버리지니들은 모두 그 노랫길을 따라 워크어바웃 의식을 치렀다. 그 아이들은 자기 선조들의 발자취를 따라 걸으며 그들이 불렀던 노래들을 따라 불렀을 것이다. 그것은 통찰력을 얻기 위해 시간과 공간을 통과하는 여행이었다. 여행은 그 의식을 수행하는 방식이었다. 이 목적을 달성하기 위해 강인한 두 발은 애버리지니에게 가장 중요한 것이었다.

길 위에 드러난 삶은 단순했다. 빽빽하게 엉켜 있는 앙상한 나뭇가지 덤불 뒤로 노루 한 마리를 보았다. 노루는 조금도 움직이지 않고 나를 빤히 바라보고 서 있었다. 꽤 한참 동안 거기에 그러고 서 있었을지 모르지만, 내가 고개를 돌렸을 때, 노루는 나와 눈이 마주쳤고 마침내 자신이 발견되었다는 것을 깨닫자, 아무 소리 없이 모습을 감추었다. 마치 신이 숨을 들이마셨다가 내쉬어 노루를 슬며시 멀리 날려보낸 것처럼 말이다.

호숫가를 따라 걷다가 비버가 남겨놓은 그루터기들을 보았다. 모든 곳에 이빨 자국이 선명했다. 비버가 빈번하게 호수를 들락날락하며 만들어놓은 경로임이 분명한 길들, 비버의 근면성을 눈으로 보여주는 명백한 증거.

한 작은 개울에서 수면 아래 밑바닥에 파헤쳐진 구멍들 속을 빠르게 들락날락하는 갈색 송어들을 보았다. 수백 미터 떨어진 곳에서 딱따구리 한 마리가 나무를 쪼아대는 소리를 들었다. 딱따구리가 나무를 두드리는 소리는 조용한 숲 한가운데서 기관총을 단속적으로 쏘는 것처럼 들렸다. 낙엽수들은 초록의 작은 싹들을 틔우고 흰색의 아네모네꽃들이 무리를 이루며 숲 바닥을 덮었다. 나는 걸으면서 계속해서 주위를 세밀히 관찰했다. 나를 둘러싼 주변의 풍경은 끊임없이 바뀌고 변화했다.

이동은 인류에게 매우 중요하다. 우리는 흔히 "구르는 돌처럼"이라고 말한다. 또는 이동하지 못하고 있을 때, "꼼짝 못 하게" 되었다거나 "진창에 빠져" 있다거나 "서서히 멈춰"버렸다고 말한다. 그것은 모두 부정적 의미를 함축하고 있다. 이동하지 못한다는 것은 발전과 성장이 없으며 쇠락하고 죽는다는 것을 연상시킨다.

작가 애니 딜러드Annie Dillard는 『팅커 계곡의 순례자Pilgrim at Tinker Creek』*에서 우리는 어딘가에 고정되는 것을 두려워한다고 주장한다. 내가 그녀의 생각을 정확하게 이해한 것이라면, 어떤 특정한 방향으로 움직이거나 의도적으로 이동하는 것은 인간의 가장 기본적인 요소라 할 수 있기 때문에, 그 반대로 가만히 서 있는, 즉 한 장소에 못박혀 있다는 것은 인간으로선 도저히 참을 수 없는 상태인 것이다. 문화나 성, 종교, 계급의 차이를 불문하고 세상의 모든 사람들이 때때로 분명히 달리고 있는데도 2.5센티미터도 앞으로 나아가지 못하는 악몽을 꿔온 것은 바로 그런 이유 때문인지도 모른다. 어쩌면 노르웨이의 동화에 나오는 트롤들이 돌로 바뀌는 것도 이 때문인지도 모른다. 왜냐하면 영원히 한곳에 고정되어 움직이지 못하는 것보다 더 가혹한 징벌은 없기 때

* 국내에서는 『자연의 지혜』라는 제목으로 번역 출간.

문이다.

비록 인간에게 해악을 끼치고 비우호적인 트롤이나 오거ogre* 들이 이제는 더이상 과거처럼 사람들을 불안하게 하지 않지만, 아직도 우리 문화 속에는 이동의 제한에 대한 두려움을 암시하는 흔적들이 남아 있다. 우리의 사법제도—현대 민주주의의 가장 무서운 측면 가운데 하나—는 범법 행위를 처벌할 때 개인의 견해나 종교, 사상을 제한하기보다는 오히려 개인의 자유로운 이동을 제한한다. 죄수들을 감옥에 가두도록 판결하는 것은 그들을 자유롭게 돌아다닐 수 없는 철저히 구속된 환경에 놔두기 위해서다. 이와 관련해서, 이동의 제한을 가장 가혹한 처벌의 한 형태로 생각하는 사회가 동시에 그런 감옥과 거의 구분할 수 없는 닭장이나 새장 같은 구속된 공간을 동물들을 위한 완벽한 서식처 형태라고 생각하는 것은 확실히 모순이 아닐 수 없다.

동물원을 옹호하는 사람들이 공통되게 주장하는 것은 동물원의 동물들은 대개 우리 안에서 태어났기 때문에 그 속에 있어도 구속되어 있다고 생각하지 않는다는 것이다. 이 주장은 인간뿐 아니라 동물들의 모든 욕구는 사회화를 통해서 배운다는 것을 전제로 가정한다. 어미 불곰이 새끼에게 먹이를 찾기 위해 엄청난 거

* 중세 유럽 기사 이야기나 동화에 등장하는 사람을 잡아먹는 거인.

리를 이동하도록 가르치는 것은 그들이 평생 그렇게 먹고살아야 하기 때문이다. 그럼에도 불구하고, 실제로 그것이 모든 상황을 설명하는 것은 아니다. 우리는 부모에게서 어떤 것들을 배운다. 하지만 모든 것을 배우지는 않는다. 어미를 잃은 새끼 불곰은 그런 것을 어미로부터 배우지는 못했지만 먹이를 찾으러 어슬렁거리며 돌아다닌다. 북극제비갈매기는 하늘을 날고, 야생순록은 벌판을 달리고, 장어는 헤엄을 친다. 만약 인간이 어떤 방에서 태어나서 평생을 그 방에 갇혀 지낸다면, 그는 말로 표현할 수 없는 어떤 것을 갈망할 것이다. 하지만 그럼에도 불구하고 그것은 완전한 갈망이다. 그 갈망이 마땅히 있어야 할 것이 아니라는 것을 느끼면, 그것은 무관심과 우울증으로 이어진다.

불곰은 엄청나게 먼 거리를 걷는다. 그것은 불곰의 내면에 타고난 어떤 것, 불곰을 불곰이도록 만든다는 어떤 것 때문에 그렇다. 불곰의 끊임없는 방랑은 불곰의 본성 가운데 일부이며 가장 강력한 본능 중 하나다. 불곰이 자기 정체성을 인식하는 것은 바로 그 방랑을 통해서다. 동물원 우리에 갇힌 불곰이 끊임없이 우리 안을 도는 것은 바로 그 때문이다. 정상적인 삶을 살고 있다면 떠돌고 있을 확 트인 자연풍광과 비할 바 없이 보잘것없는 아주 작은 우리 안에서나마 불곰이 계속해서 어슬렁거리며 돌고 도는 것은 그러한 내면의 자연스러운 욕구를 충족시키기 위한 노력인 것이다. 우리가 이런 사실을 인정할 수 있다면, 동물들을 우리 안에 계속 가두어두는 것이 얼마나 터무니없는 일인지 인정해야 할 것이다.

이동을 제한하는 또다른 사례는 14세기 시인 단테 알리기에리가 쓴 『신곡』에 나오는 인간에 대한 가장 끔찍한 형벌들 가운데서 찾아볼 수 있다. 그 시는 죽은 사람이 통과해야 하는 세 가지 관문을 단테가 여행하는 내용이다. 사람이 죽으면 맨 처음에 지옥에 떨어지고 그다음에 연옥을 지나 마침내 천국에 오른다. 『신곡』에서 단테를 안내하는 사람은 그가 떠받드는 위대한 로마 시인 베르길리우스이다. 그 시에서 가장 널리 알려진 한 부분에서, 베르길리우스와 단테는 지옥의 제2층으로 내려간다. 그곳은 욕정에 가득찬 사람들—생전에 육체적 욕망에 빠져 있던 사람들—이 잡혀 있는 곳이다. 그들은 거기서 클레오파트라, 트로이아 전쟁의 원인을 제공한 헬레네와 파리스, 아킬레우스, 트리스탄을 본다. 두 시인은 또한 프란체스카 다 리미니Francesca da Rimini라는 여인과 그녀의 연인 파올로Paolo*를 만난다. 두 연인은 살아 있는 동안에 불륜관계에 있었는데, 하루는 프란체스카의 남편이 두 사람이 사랑을 나누고 있는 현장을 목격하고 경악한 나머지 둘을 모두 죽여버렸다. 『신곡』은 기독교 색채가 짙은 시집이다. 따라서 결혼

*프란체스카의 남편의 동생, 즉 시동생.

생활에서의 부정한 행동은 큰 죄악으로 여겨진다. 프란체스카와 파올로는 썩은 내 진동하는 육체적 욕망, 즉 욕정에 빠졌기 때문에 영원히 회오리치는 돌풍 속에서 빙글빙글 돌아가는 형벌을 선고받았다. 이 형벌의 핵심, 즉 이 형벌을 받은 사람이 진정으로 견딜 수 없는 고통은 두 연인이 결코 이 회오리바람을 벗어날 수 없으며(그들이 단테와 베르길리우스에게 자신들의 이야기를 들려주는 아주 짧은 순간을 제외하고는), 그 회오리바람이 결코 멈추지 않을 것이라는 사실이다.

세상은 걸어서 여행할 때 황홀한 열린 공간이 된다고 독일의 영화감독 베르너 헤어초크는 주장한다. 그의 말은 전적으로 옳다. 숲속으로 더 깊이 걸어들어갈수록, 걷는 속도와 주변의 풍경을 바라보는 시각은 그것과 반비례로 내게 점점 더 선명해지는 것 같다. 천천히 걷는 사람은 많은 것을 보지만, 빨리 걷는 사람은 주변을 잘 보지 못한다. 최대한 빨리 달리는 사람은 자기 몸에 관심을 집중한다. 반면에 느리게 걷는 사람은 자기와 멀리 떨어진 사물들, 세상과 바깥에 있는 모든 것을 향해 주목한다.

게다가 혼자 걷는 것과 다른 이와 함께 걷는 것의 차이는 상상하는 것 이상으로 매우 크다. 그것을 과장되었다고 말할 수는 없다. 동행이 한 명이든 스무 명이든 상관이 없다. 혼자냐 혼자가 아니냐가 문제일 뿐이다. 혼자 걸으면, 이야기를 나눌 사람이 없다. 따라서 귀에 들리는 것은 길을 걷는 자기 발소리뿐이다. 심지어는 본능적으로 그런 소음들조차 줄이려고 애쓴다. 아무런 간섭도 받고 싶지 않고 누구에게도 노출되고 싶지 않다. 이런 각별한 조심은 또다른 뜻밖의 결과를 낳는데, 주변에서 진행되고 있는 것들을 평소보다 더 많이 보고 들을 수 있다는 것이다. 수풀이 우거진 지역을 걷다보면 거기에 아무것도 없다고 생각하기 쉽다. 하지만, 가던 걸음을 멈추고 아주 조용히 서 있으면, 그런 생각이 틀렸다는 사실을 서서히 깨닫기 시작할 것이다. 모든 곳에 살아 있는 생명체가 있다. 나무 위에는 앉아 있는 새들, 공중으로 날아다니는 곤충들, 땅바닥을 기어다니는 개미들 같은 온갖 종류의 크고 작은 생명체들. 그들은 당신의 존재를 인식하고 있다. 그 생명체들은 당신이 내는 소리를 듣고 당신이 풍기는 냄새를 맡는다. 그들은 당신을 볼 수 있지만, 당신은 그들을 보지 못할지도 모른다.

서양의 옛이야기에 그 어느 것보다 더 많이 나타나는—그리고 전 세계의 옛이야기들에도 꽤 많이 등장하는—이야기의 전형이 있다면, 그것은 틀림없이 영웅의 여행일 것이다. 그 여행은 허구의 세계가 아닌 실제 세계에서도 일어날 수 있다. 그 여행은 걷거나 보트를 타거나 말을 타거나, 또는 지금 우리의 시대라면, 잭 케루악Jack Kerouac의 인기 소설인 『길 위에서On the Road』에 나오는 것처럼, 자동차를 타고 갈 수도 있을 것이다. 호머의 『오디세이아』와 『일리아스』는 여행을 이야기 구성의 가장 중요한 요소로 사용한다. 『신곡』은 죽음의 세계를 통과하는 여행이다. 미겔 데 세르반테스의 명작소설 『돈키호테』는 노새를 타고 스페인의 풍경을 두루 돌아보는 여행이다.

1600년대 후반, 새로운 세계를 찾아 떠나는 "발견의 항해voyages of discovery"는 유럽 상류층 사이에서 인기 있는 사회현상이 되었다. 그런 항해의 발견에서 가장 중요한 공식은 여행자가 가급적이면 당시 문화의 대진원지였던 이탈리아나 프랑스로까지 그들의 시야를 넓혀야 한다는 사실이었다. 그런 많은 항해들은 훗날 이야기로 남았다. 이런 이야기들의 한 가지 특성은 목적지에 대한 것보다는 여행 그 자체, 항해중에 일어난 일에 대한 것이 더 많다는 점이다. 그런 이야기들의 거의 모든 중심에는 길을 가는 중에 영웅에게 닥치는 사건이 있다. 오늘날 인터레일interrail*을 사서 배낭을 메고 나서는 모험은 현대판 발견의 항해라 할 수 있다. 청년들은 전 세계로 여행을 떠난다. 그들은 집으로 돌아올 때, 다른 문화에 대해서 중요한 지식을 얻고 돌아온다. 그냥 집에만 머물렀다

* 유럽인들이 일정 기간 정해진 구간별로 마음대로 국유철도를 이용할 수 있도록 한 유럽 28개국에서 통용되는 기간제 승차권.

면 결코 배우지 못했을 중요한 것들을 여행을 통해 배운다.

『지킬 박사와 하이드』와 『보물섬』으로 유명한 로버트 루이스 스티븐슨은 『당나귀를 타고 떠난 세벤산맥 여행기Travels with a Donkey in the Cévennes』*에서 자신이 청년 시절 세벤산맥의 프랑스 지역을 여행했던 발견의 항해를 묘사한다.

> 내가 여행을 하는 것은 어딘가를 가기 위해서가 아니다. 그냥 가는 것이다. 여행을 위한 여행이다. 중요한 것은 이동하는 것, 우리 삶의 다양한 욕구와 문제들을 더욱 가까이 느끼는 것, 이 문명의 안락함에서 벗어나는 것, 그리고 발밑에 밟히는 화강암을 느끼며 지구가 날카롭게 쪼개진 단단한 돌들로 뒤덮여 있음을 발견하는 것이다.

잭 케루악은 자신이 쓴 여러 소설에서 길과 이동을 중심 주제로 삼는다. 그것은 여러 면에서 여행이기도 하다. 예컨대 『달마 행자The Dharma Bums』**에서 그는 "오솔길의 명상"이라는 표현을 쓴다. 길은 자유와 모험의 상징이다. 그것은 정지와 순응의 반대말이다. 자신들에게 안전, 예측가능성, 안주, 자본 축적이 인생에서

* 국내에서는 『당나귀와 떠난 여행』이라는 제목으로 번역 출간.

** 국내에서는 『다르마 행려』라는 제목으로 번역 출간.

가장 중요한 일이라고 말하는 부모 세대로부터 벗어나고 싶어하는 미국 청년들에게 케루악이 우상이 된 것은 조금도 이상한 일이 아니다.

나는 지도를 꺼내 보고는 계획했던 긴 도보탐방의 중간지점에 도착했음을 알았다. 오두막에 도달하려면 아직도 꽤 긴 구간이 앞에 놓여 있었다. 하지만 나는 서두르지 않았다. 시간이 충분했기 때문이다.

내가 오솔길을 따라 걸으며 여기에 와 있는 것은 숲의 평화를 찾아서였다. 나는 마치 1950년대 민요에 나올 법한 판에 박힌 상투적 모습의 한 방랑자였다. 나는 휘파람을 불고 혼자 큰 소리로 떠들었다. 그러면서 나는 평소에 길을 걸을 때 혼자서 큰 소리로 떠들지 않기로 한 불문율을 깨뜨렸다. 하지만 이 오솔길은 너무 길기 때문에, 이번은 예외로 했다. 비유적으로 말하자면, 나는 지푸라기를 입가에 물고 너덜너덜한 모자를 쓰고 마대자루를 어깨에 둘러멘 사람처럼 행동했다. 나는 내 직업, 가족, 친구, 그리고 자금사정에 대해서 혼잣말을 하며 그동안 살아온 인생길을 반추했다. 나는 내 삶의 어떤 부분을 개선할 수 있을까? 한 개인으로서 나는 어떻게 발전할 수 있을까? 아버지로서, 동반자로서, 친구로서는 어떤가? 그리하여 나는 다음과 같은 인생 목표를 세우기로 결심했다. 채식주의자 되기, 50세에 채무 청산, 자식들에게 옹

졸하게 대하거나 화내지 않기, 함께 사는 동거녀에게 성급하게 행동하거나 화내지 않기, 지금보다 더 자주 아버지 찾아뵙기, 동물 살상 금지, 가능한 한 신발 자주 벗고 지내기. 오솔길을 걸으면서 모든 것이 더 단순해졌다. 나는 계속 걸으면서 발걸음 하나하나를 즐겼다.

길은 곧 목표이고, 목표는 곧 길이다. 나는 활기에 넘쳐 방랑하며 새롭게 길에 대한 은유들을 만들어내는 사람이 되었다. 나는 어머니가 늘 여동생들과 내게 들려주었던 노래들에 대해서 생각하기 시작했다. 가끔은 우리가 걷고 있을 때, 대개는 자동차를 타고 가며 뒷좌석에 앉아 지루해하고 있을 때 어머니는 그 노래를 불러주곤 했다. 나는 그 노래의 낭만적 느낌이 좋았다. 듣고 있으면 마치 인생이 단순하고 아무 근심걱정도 없는 것처럼 느껴졌다. 나는 그 노래 속 주인공이 되고 싶었다. 노래 속 주인공의 태평한 모습이 부러웠다. 나는 산길을 느릿느릿 걸을 때 그것이 바로 노래 속에 나오는 그러한 상태와 가장 근접한 모습이라는 것을 깨달았다. 그 노래의 가사는 대강 이렇다.

나는 행복한 방랑자, 근심걱정 없이 걸어가며,
끝없이 펼쳐진 시골길을 따라 천천히 걷는 게 좋아.
(…)
나는 행복한 방랑자, 오, 하늘은 기꺼이 내가 이 길을 따라

끝까지 걷게 해주네.[18]

방랑자, 떠돌이, 나그네에 대한 낭만주의적 이상화는 인간의 원초적 목적에 가까이 다가가는 중요성에 대한 것이었다. 낭만주의자들은 우리가 일생 동안 걷고, 방랑하고, 새로운 사람을 만나고, 새로운 풍경을 보기 위해 태어났다는 것을 막연히 감感—영국 환경운동가이자 작가인 조지 몬비오George Monbiot가 "유전적 기억genetic memory"이라고 지칭하는 그런 느낌—으로 느꼈다. 무대는 자연이었고 거기서 이루어지는 활동은 걷는 것이었다. 이런 관점에서 볼 때, 우리는 사회적 순응에 저항하는 낭만주의 방랑자들을, 현대인의 정착 습성을 포기하고 아마 자신도 모르는 사이에 선조들의 유목생활로 되돌아간 사람이라고 말할 수 있을 것이다.

낭만주의는 예술을 통해 표현된 웅장한 감정을 떠올리게 하는 영감과 근원으로서 자연을 지나치게 강조한다는 이유로 수많은 비판을 견뎌내야 했다. 이러한 비판은 어느 정도 타당한 측면도 있지만, 불합리한 측면도 있는데, 그 비판이 낭만주의가 발전한 시대상에 대해서 전혀 고려하지 않고 있기 때문이다. 새로운 문화 조류는 모두 다른 어떤 것에 대한 반작용, 기존 체제와의 결별로 발생하기 마련이다. 낭만주의도 그와 다를 바 없다. 낭만주의는 유럽의 정신세계와 사회생활이 거의 유례없는 진보의 철학과 무제한적인 천연자원 개발의 거대한 영향력 아래 있던 시기에 탄생했다. 낭만주의는 산업화와 기계화, 도로 건설과 확장에 대한 저항이었다. 그것은 도로가 사방으로 뻗어나가며 자연을 위협하던 시기에 오솔길을 갈구하는 목소리였다. 그 저항의 목소리는 지금도 유럽문학사에 가장 중요한 인물로 여겨지는 시인들의 작품을 통해 표현되었다. 윌리엄 워즈워스, 장자크 루소, 프리드리히 횔덜린, 요한 볼프강 폰 괴테.

1780년 9월 6일, 괴테는 독일의 키켈한Kickelhahn산에 있는 한 사냥꾼 오두막의 통나무 벽에 짧은 시 한 편을 새겼다. 나는 이 「나그네의 밤 노래Wandrers Nachtlied」와 특별한 인연이 있다. 아주 오래전 어느 여름날, 내가 지금 가고 있는 작은 오두막의 호숫가 근처 농장에서 독일인 친척아저씨가 내게 그 시를 큰 소리로 낭독해주었던 것이다. 그 시는 미국 시인 헨리 워즈워스 롱펠로가 영어로 이렇게 번역한 바 있다.

모든 산봉우리 위로
정적이 깃들고,
모든 우듬지에서는
숨소리 하나
들리지 않네.
나무의 새들은 잠들어 있다.
기다려라, 당신도 이 새들처럼

곧 쉬게 되리니.[19]

라르비크에서 그날 아침에 호텔을 떠난 지 열네 시간이 지났다. 나는 걸었고 시간은 흘렀다. 해는 서산 너머로 내려앉았다. 피곤함이 느껴지기 시작했다. 그것은 달리기를 하고 나서 느끼는 피곤함과는 달랐다. 젖산 분출, 근육 경직, 산소 부족 같은 현상은 없었다. 몸에서 힘이 빠지기 시작하면서 찾아오는 아늑하고 약간 졸린 듯한 느낌 같은 것일 뿐이었다.

나는 호수 쪽으로 걸어내려가서 서쪽 경치가 바라보이는 언덕 위에 앉았다. 저멀리 호수 건너편에 30년 전 욘과 내가 무모하게 카누를 타고 호수로 나갔을 때 하룻밤을 보낸 섬이 보였다.

나는 자리에서 일어나 다시 걷기 시작했다. 마침내 나무가 빽빽하게 들어찬 낙엽수림 속에 들어왔다는 것을 깨달았다. 예전에 오솔길이 나 있던 그곳은 이제 수풀이 우거져 있었다. 하지만 나는 그 길을 기억했다. 곧이어 숲을 나오니 들판이 앞에 펼쳐졌다. 나는 그곳이 어딘지 금방 알아챘다. 나는 그 장소를 알고 있었다.

봄에 맨 먼저 피는 꽃들이 숲 가장자리로 줄지어 있었다. 들판 건너편에는 할머니가 태어난 집이 있었다. 할머니가 태어난 해는 1차세계대전과 2차세계대전 사이인 1925년이었다. 할머니는 거기서 가족들과 함께 살면서 자랐다. 할아버지가 자란 농장에서 동쪽으로 불과 몇 킬로미터 떨어지지 않은 곳이었다. 당시에는 그 지역에 사는 사람들이 많지 않았다. 할머니와 할아버지는 아이 때와 십대 청년 시절에 서로 알고 지내지 않을 수 없었을 것이다. 그들은 서로에게 관심을 갖기 시작했고 마침내 결혼해서 우리 어머니를 낳았다. 이 작은 사건들이 발생했다는 사실 덕분에 내가 지금 여기서 이 온화한 봄날 저녁에 숲속을 거닐며 휘파람을 불고 있는 것이었다.

들판의 내리막 경사를 따라 자갈길이 이어졌다. 이 길은 예전에 오솔길이자 마차가 다니던 길이었다. 하지만 그것은 내가 태어나기 이전 일이었다. 나는 여태 그 길을 자갈길로만 알았는데, 그 길이 지금까지 포장된 적이 없었다는 사실이 신기하면서도 한편으로는 놀라울 따름이다.

나는 자갈길을 따라 아래로 내려왔다. 그러자 곧바로 나무들 사이로 호수의 북쪽 끝자락이 보였다. 날이 저물고 있었다. 검은지빠귀 한 마리가 나무 꼭대기에 앉아 노래를 불렀다. 바닥의 풀은 차갑고 축축했다. 나는 오른쪽으로 꺾어 들판을 따라 가로수 아래로 걸었다. 봄날 저녁 호수 쪽을 바라보며 땅거미가 어스름히 내리는 빈터에 어릴 적 지냈던 자그마한 오두막이 컴컴한 나무들에 둘러싸여 방치된 채 말없이 서 있었다.

오두막은 내가 기억하고 있는 그대로였다. 어릴 때 거기서 맡았던 냄새와 불빛. 아무것도 바뀐 게 없었다. 거실, 주방, 침실, 복도. 거실 벽에는 내가 결코 이해하지 못한 양식으로 갈색, 적색, 녹색 문양을 넣어 손으로 직접 짠 양탄자가 걸려 있었다. 오래된 장작난로가 주방에 자리잡고 있었는데, 색이 바래지고 말라붙은 무쇠난로는 흰 굴뚝 벽에 기대어 거의 회색빛을 띠었다. 갈색과 흰색을 한 말코손바닥사슴 뿔은 벽난로 위에 크게 네 갈래로 뻗어 있었다. 옛날에 그 말코손바닥사슴 뿔은 내가 본 것 중에 가장 큰 것이었다. 벽에는 등도 달려 있었는데, 아버지가 오솔길을 걷다 발견한 울퉁불퉁하고 비틀린 오래된 고목 뿌리로 만든 것이었다.

나는 남은 음식을 다 먹고 나서 더러워진 옷을 벗고 거실 소파에 누웠다. 잠들기 전, 나는 1년 전 아버지 집 주방 식탁에서 보았던 옛날 사진이 생각났다.

부활절이다. 그해는 1977년이다. 내가 막 여섯 살이 된 때다. 내 여동생들은 다섯 살과 네 살이다. 우리는 그 오두막 소파 위에 앉아 있다. 아버지가 사진을 찍자고 해서다. 아버지는 우리를 서로 가까이 앉게 했다. 그가 사진을 찍고 싶을 때, 우리 생일잔치나 크리스마스이브, 그리고 휴가나 기념일 때마다 늘 하던 방식이었다. 아버지는 이런 사진을 수백 장은 찍었다. 그래도 아버지는 만족하지 않았다.

나와 여동생들은 소파에 앉아 있다. 그리고 우리 앞에 있는 커피 탁자 위에는 야콥이라는 잉꼬가 들어 있는 새장이 있었다. 야콥은 내 유일한 반려동물이었던 청백색의 작은 새였다. 그 사진을 찍고 나서 2년 뒤, 야콥은 뭔지 모를 눈병에 걸려 시력을 잃고 말았다. 야콥은 자신에게 도대체 무슨 일이 일어난 건지, 왜 갑자기 모든 것이 어두워진 건지 답답해하는 듯, 새장 속 홰 위에 가만히 앉아 있었다. 그러고 몇 년 뒤, 우리가 여름방학을 맞아 지내던 어느 날 저녁, 아버지는 야콥이 겪는 고통을 덜어주기 위해 그의 목을 꺾었다.

다음날까지 나는 그 새장이 비었다는 것을 몰랐다.

"야콥은 어디 있어요?" 내가 물었다. "야콥 어디 있냐고요?"

무슨 일이 일어났는지 내게 말해준 사람은 어머니였다. 그녀는 야콥이 눈이 멀어 고통스러워했다고 설명했다. 때로는 고통을 겪고 있는 생명체를 그 고통에서 해방시켜주는 것이 더 나을 때도 있다. "야콥은 그냥 살아 있는 것보다 죽는 게 더 나아." 어머니가 말했다. 그녀는 회색과 흰색 줄무늬 카디건을 입고 있었고, 우리는 오두막 계단에 함께 앉아 있었다. 땅거미가 내렸다. 어머니의 얼굴은 진지했지만 온화했다. "그게 삶이란다." 그녀가 말했다. 그때 나는 처음으로 죽음이 존재한다는 것을 이해했다. 그것은 언젠가 우리 모두에게도 다가올 것이라는 것을 알았다. 크건 작건, 잉꼬든 사람이든 말이다.

나는 오솔길이 시작되는 오두막 뒤 들판에 야콥을 묻었다. 소나무 아래 작은 나무십자가 하나가 그에게 남겨진 전부였다. 그날부터 그 둘, 야콥과 오솔길은 하나가 되었고 어린 내 마음속에서 함께 연결된 동일한 존재였다. 오솔길은 야콥을 생각나게 했고, 야콥을 생각하면 오솔길이 떠올랐다. 나는 그 둘을 서로 떼놓고 생각할 수 없었다.

아버지가 찍은 그 옛날 사진 속에서 나는 얼마 후 우리 잉꼬에게 닥칠 운명에 대해서는 전혀 모른 채 마냥 행복한 모습이다. 야콥은 새장 속 홰에 올라앉아 있다. 여동생들과 나는 소파에 앉아 있다. 우리는 카메라를 응시하고 있다. 여동생들은 흰색에 가까운 연한 색의 머리카락을 땋아 묶었다. 단발한 내 앞머리는 삐뚤빼뚤하고, 입고 있는 양모 스웨터는 팔에 비해 너무 짧다.

카메라 셔터 소리가 들리고 플래시가 방안을 환히 밝힌다. 아버지는 만족스러운 듯 살며시 웃는다.

어머니는 주방에 있다. 우리가 앉아 있는 곳에서는 어머니가 보이지 않는다. 하지만 우리는 그녀가 아버지와 다음에 무엇을 할지에 대하여 이야기를 나누었다는 것을 안다.

"옷 입어라, 우리 산책 나갈 거야." 어머니가 부른다.

여동생들과 나는 싫다고 투정한다. 소파에 있는 게 얼마나 편안하고 벽난로는 또 얼마나 따뜻한데. 그리고 라디오에서는 음악도 흘러나온다. 우리는 그냥 늘어져 있는 상태를 즐기고 있다. 왜 지금 밖에 나가야 한단 말인가?

"서둘러라." 아버지가 말한다. "소파에서 내려와라. 몸을 조금이라도 움직이는 게 모두에게 좋단다."

얼굴에 내리꽂히는 강렬한 햇살 때문에 잠에서 깼다. 나는 소파에서 벌떡 일어났지만 이내 다시 자리에 앉아야 했다. 전날 무리하게 걸었는지 다리에 근육통이 왔다. 칼로 두 다리를 찔린 것 같은 아픔이었다. 일어설 수가 없었다.

소파에 누워 다리를 쭉 펴고 근육에 다시 생기를 불어넣기 위해 통증 부위를 따뜻하게 하고 긴장을 풀어주었다. 봄날의 햇살이 거실 창문을 통해 비스듬히 들어왔다. 건조한 실내 대기 속에서 먼지가 하늘하늘 춤을 췄다. 어딘가에서 파리가 윙윙거리며 날아다니고 있었다.

양말을 신고 다시 일어서려고 했다. 이번에는 아까보다 좀 나았다. 아직 뻣뻣한 다리 관절 때문에 휘청거리며 주방 쪽으로 천천히 걸어갔다. 꼬마 아이들이 정말 씻기 싫은데 욕실에 어쩔 수 없이 갈 때 하는 행동처럼 보였다. 몸이 무거운 느낌이 들었다. 마룻바닥은 얼음장 같았다. 물이 끓는 동안 나는 방안을 천천히 왔다갔다했다. 바닥에 나뒹구는 물건들을 들어올려 옮기고, 찬장을 열어보고, 낡은 목재 벽판 위를 매만져보았다. 달라진 것도 있었지만, 예전처럼 나는 모든 것을 기억할 수 있었다. 냄비, 컵, 낡은 식탁보, 주방의 벽지, 연한 바탕에 노란 미나리아재비가 그려진 주방의 벽지, 1950년대 조리용 가스레인지, 오래된 장작난로 위에 놓인 엄청나게 큰 주전자(큰 행사를 치를 때 커피를 끓이기 위해 사용되던 주전자였다). 두꺼비집 안에는 선이 네 가닥밖에 없었다. 복도 통로에 있는 찬장 안에는 옛날식 모기향이 들어 있었다.

침실 창문을 통해서 오솔길이 시작되는 지점을 볼 수 있었다. 내가 어렸을 때는 창문에 모기장이 쳐져 있었다. 이제는 모기장을 치는 일이 없어졌지만, 모기장의 재질이 녹색의 뻣뻣한 천이었기 때문에 옛날에 어머니가 그것을 한 번 수선해서 썼던 것이 기억난다. 모기장 오른쪽 구석 아래로 바느질로 봉합한 솔기가 한 줄 나 있었다. 그 이음매는 모기장을 가로질러 곡선을 그렸다. 마치 지도 위에 표시된 오솔길 같았다.

누구든 같은 길을 두 번 걸을 수 없다

커피를 잔에 따라 거실로 돌아갔다. 커피 탁자 위에 색 바랜 연초록의 오두막 일기책이 있었다. 연필로 쓴 필적은 희미해져 거의 읽기 어려운 수준이었다. 그 일기책은 내 나이만큼 오래되었다. 그 안에는 우리 가족사가 담겨 있다. 옛날 방학 때와 주말에 이 오두막에서 우리가 무엇을 했고 어디를 다녔는지 자세한 내용과 지금도 기억하고 있거나 잊은 지 오래인 일화들이 기록되어 있다. 그것은 매년 오솔길과 관련된 이야기들의 모음집이기도 하다.

나는 자리에 앉아서 오두막 일기책을 대충 훑어보았다. 책등은 다 해어져 있었다. 노랗게 변색된 페이지들이 툭 불거져나와 있었다. 표지의 흰 부분에는 어머니의 글씨체로 오두막의 이름 솔리가 쓰여 있다.

나는 손가락으로 페이지를 한 장씩 펄럭이며 넘겼다. 아버지의 필체는 고르고 반듯했다. 어머니의 필체는 부드럽고 굴곡이 져 있었다. 여동생들은 눈이 크고 빨간 입술을 한 소녀들을 그렸고, 나는 오솔길과 풍경들을 그렸는데, 그 그림에는 늘 사람이 없었고 녹색과 갈색, 검은색, 청색으로 칠해져 있었다. 완전한 세계를 꿈꿨던 꼬마 소년의 바람.

오두막은 1952년에 지어졌다. 할아버지가 1971년 5월에 사서 자식들에게 물려주었다. 오두막은 내가 태어나고부턴 줄곧 우리 가족 소유였다. 그때부터 지금까지 이 오두막 일기를 계속 쓰고 있다. 이제 거의 다 채워진 상태다. 빈 페이지는 불과 몇 장 남지 않았다.

오두막 일기책의 맨 첫 페이지에 내 이름이 나왔다. 내가 생후 삼 개월쯤 됐을 때 어머니가 처음으로 남긴 기록이었다.

1971년 6월 24일. 잉에르레네와 오게, 토르비에른이 여기서 처음으로 밤을 보냈다.

그러고 나서 이듬해,

1972년 4월 29일. 우리는 토르비에른을 배낭에 둘러메고 오솔길을 따라 짧은 산책을 다녀왔다. 토르비에른은 나뭇잎과 이끼를 입에 넣으며 주위를 아장아장 걷는 것을 좋아한다. 솔방울을 가장 좋아하는 게 분명하다.

나는 페이지를 계속해서 넘겼다. 그 일기책은 우리의 인생사였다. 모든 것이 여기 쓰여 있었다. 여동생들이 태어났고, 우리 가족은 넷이 되었다가, 이어 다섯이 되었다. 우리는 봄, 여름, 가을, 겨울에 오두막을 방문했다. 이후의 내용들은 거의 같았다. 우리는 손님이 찾아오는 걸 즐겼다. 바비큐를 해먹고, 보트를 타고, 모닥불을 피우고, 버섯과 딸기도 따고, 낚시도 갔다. 햇볕이 내리쬐거나 비가 내렸고, 모기가 많을 때도 적을 때도 있었으며, 샘은 늘 말라 있고, 모든 게 항상 신난다. 우리는 언제나 오솔길을 따라 짧은 산책을 한다.

몇 년이 흐른다.

1977년 부활절 주간, 4월 4~11일. 잉에르레네와 오게, 토르비에른, 비그디스, 안네, 그리고 잉끄 야콥이 여기서 부활절 주간을 보냈다. 날씨는 내내 추웠다. 아침마다 영하로 내려가기 직전이었다. 날마다 맑은 날이었지만 차가운 북풍이 불었다. 그럼에도 불구하고, 우리는 어른, 아이 모두 즐거운 시간을 보냈다.

5월 22일. 우리는 올해 처음으로 핀 백합을 꺾었다.

8월 5~7일. 블루베리를 따러 갔다. 겨울 내내 블루베리를 먹는다면 정말 신날 것이다.

8월 29~31일. 우리 다섯 식구는 오두막에서 또다시 즐거운 주말을 보냈다. 덩굴월귤과 버섯을 따며 시간을 보냈다.

그러고 나서, 1979년 여름휴가 기간.

우리 휴가 기간에 슬픈 일이 일어났다. 야콥이 죽었다. 병이 들어 많이 아파했기 때문에 죽는 편이 그에게 더 나았다.

서양철학의 아주 유명한 문구 가운데 "누구든 같은 강물에 두 번 발을 담글 수 없다"는 말이 있다. 기원전 500년에 이 말을 처음 언급하거나 기록한 사람은 그리스 철학자 헤라클레이토스Heraclitus였다. 세상과 자연의 내적 본질은 변화라는 의미였다. 그리고 그 변화는 서로 반대되는 것을 통해서 일어난다. 낮과 밤, 젖은 상태와 마른 상태, 온기와 추위, 여름과 겨울. 서로 반대되는 것들은 서로에게 의지한다. 키가 낮은 어떤 것은 더 높은 어떤 것과의 관계 속에서만 존재한다. 어떤 것이 어두운 것은 더 밝은 어떤 것이 있기 때문에 어두운 것이다.

누구든 같은 강물에 두 번 발을 담글 수 없다.

나는 헤라클레이토스가 이 유명한 문구로 도대체 정말 무엇을 말하려고 했는지 전혀 이해하지 못했다. 그래서 누군가 그 말을 할 때마다 나는 늘 알아들은 척 고개를 끄덕이며 가능한 한 빨리 대화의 주제를 바꾸려고 애썼다. 강이 늘 새로운 것은 강을 통해 새로운 물이 끊임없이 흐르기 때문이라는 사실은 너무 명명백백해 보인다. 그런데 그 말이 도대체 뭐가 그리 대단하단 말인가?

헤라클레이토스는 역시 내가 생각하는 것보다 한 수 위에 있었다. 오솔길이 시작되는 지점 근처에 앉아 있을 때, 문득 헤라클레이토스가 그 문구를 통해 말하려고 하는 의미가 내게 새롭게 다가왔다. 변하는 것은 강이 아니다. 그 강에 발을 담그는 사람이 바뀌는 것이다. 헤라클레이토스가 말하고 있는 것은 강과 물이 아니라 사람에 대한 것이다. 우리가 똑같은 장소를 두 번 방문할 수 없는 것은 그곳에 가는 사람에 의해서 영향을 받아 그곳이 바뀌기 때문이다. 우리는 항상 똑같은 존재일 수 없다. 그렇다면 "누구든 같은 강물에 두 번 발을 담글 수 없다"는 말은 "누구든 같은 길을 두 번 걸을 수 없다"로 바꿀 수도 있을 것이다.

어머니는 2010년 겨울에 돌아가셨다. 3월 초 목요일에 묻히셨는데, 몹시 추운 겨울날이었다. 눈송이가 교회 마당을 하얗게 덮었다. 하지만 대기는 봄기운이 완연했고 박새 한 마리가 우리 머리 너머로 앙상한 자작나무 위에서 노래를 불렀다. 우리는 지난여름엔 푸르렀을 노랗게 시든 풀밭 위에 서 있었고, 어머니의 관이 땅에 묻히기 전에 목사님이 삶과 죽음에 대해 몇 마디 설교했는데, 내용은 기억에 남아 있지 않다.

오두막 일기책을 다시 훑어보다가 어머니가 마지막으로 쓴 글이 나왔다. 어머니가 돌아가시기 전해 봄날. 어머니는 그것이 자신의 마지막 방문이 될 것이라는 사실을 알지 못했다. 여동생들과 나는 성인이 된 지 오래되었고, 이제 그 작은 오두막을 자주 드나드는 사람은 어머니와 아버지뿐이었다.

2009년 5월 10일. 오게와 잉에르레네는 오두막에 당일치기로 잠시 들렀다. 초록의 잎사귀, 바람꽃의 일종인 우드아네모네, 계곡에 핀 백합, 새들의 노랫소리가 어울린 아주 멋진 하루.

나는 오두막 일기책을 바닥에 내려놓고 침실로 들어갔다. 거기에는 침대 하나밖에 없었다. 2단 침대였다. 여동생들과 내가 쓰던 침대였다. 아래 칸 침대는 여동생 둘이 함께 쓰고 위 칸은 내 차지였다. 아버지는 거실 소파에서, 어머니는 출입구에 있는 매트리스에서 머리는 침실로 향하고 다리는 주방 쪽으로 뻗고 잤다.

다시 거실로 되돌아가서 소파에 앉았다. 어머니가 돌아가신 뒤 아버지가 일기책에 글을 쓴 것은 불과 몇 주에 불과했다. 아버지는 너무 견디기 힘든 일을 당했을 때 으레 그러듯이 행동했다. 밖으로 나가 평소 어머니와 함께했던 추억의 장소들을 찾아 돌아다녔다. 오두막에는 두 사람의 추억뿐 아니라 역사가 담겨 있었다. 당연히 아내를 더 가깝게 느낄 수 있는 그런 장소였을 것이다.

나는 아버지가 지금의 나와 비슷한 기분이었을 거라고 생각한다. 나는 오솔길을 생각하면 어머니를 떠올리지 않을 수 없다. 어머니는 (오두막 뒤의) 오솔길을 모험으로 가득한 땅의 중심부로 만들었다.[20] 나는 이제까지 얼마나 자주 그 오솔길 위를 걸었을까? 지금은 그것을 헤아릴 수 없다. 다만 분명한 건 아버지, 어머니, 그리고 여동생들과 함께 그 길을 걸었던 때가 내 생애 최고의 시기였다는 것이다.

2010년 4월 10~11일. 오게는 올해 처음으로 여기서 하룻밤을 잤다. 혼자 여기에 있으니 낯선 기분이다. 하지만 솔리는 내가 늘 오고 싶어했던 곳이며, 내게 좋은 기억이 많이 서려 있는 장소다. 고마워, 곧 다시 찾아올게.

우리는 길을 어딘가로, 미래를 향해, 우리 앞에 놓인 무언가를 향해 가는 경로로 생각한다. 그러나 길은 뒤쪽, 우리가 그동안 지나온 시간과 장소를 가리키기도 한다. 우리는 길을 걸을 때, 세월이 흘러도 변함이 없는 보편적인 행동에 참여하고 있는 것이다. 다시 말해서, 지금의 우리를 만든 자연환경과 사람들, 우리 조상들을 지나쳐 걷는 것이며, 노동과 여가, 호기심, 일상에서의 탈출을 가로지르는 시간을 영위하고 있는 것이다.

그리스신화에 테세우스와 아리아드네에 대한 이야기가 있다. 아리아드네는 크레타왕 미노스의 딸이었다. 그녀는 미노스 왕이 탈출이 불가능한 미로 안에 가두어놓은 황소 모양의 반인반수 괴물인 미노타우로스와 싸우기 위해 크레타에 온 영웅 테세우스와 사랑에 빠졌다. 하지만 미로 안에 들어가면 다시는 그곳을 빠져나올 수 없다는 것을 그녀는 알고 있었다. 그래서 그녀는 테세우스가 미로 안으로 들어갈 때 둥그렇게 감긴 실뭉치의 끝을 그에게 쥐여주고 절대 놓지 말라고 당부했다. 그가 안으로 걸어들어가면서, 그가 가는 길을 따라 실타래가 풀렸다. 마침내 테세우스는 미노타우로스를 죽였고, 그 실을 따라 다시 미로를 빠져나왔다. 그 실이 바로 길이었다. 그것이 그로 하여금 자신의 길을 찾도록 도

"길은 뒤쪽,
우리가 그동안 지나온
시간과 장소를 가리키기도 한다."

와준 것이다.

이렇게 처녀 아리아드네의 도움으로, 실을 다시 감아올림으로써 그 동안 어느 누구도 찾지 못했던 입구에 도달할 수 있었다.[21]

나는 거실 창문의 블라인드를 끌어내리고 오두막 일기책을 탁자 위에 내려놓았다. 커피잔은 조리대 위에 놓았다. 그것은 어머니와 아버지가 옛날에 늘 하곤 했던 일종의 의식이었다. 우리는 주말과 휴가 기간이 끝나고 집으로 돌아가기 전에 오두막의 모든 것을 말끔히 정리해야 했다. 청소와 정리정돈을 모두 마치고 귀가 준비를 끝내면, 어머니와 아버지는 마지막으로 커피를 마신 다음, 두 개의 빈 커피잔은 설거지를 하지 않은 채로 우리가 다시 돌아올 때까지 그대로 놔두었다.

나도 예전에 아버지, 어머니가 했던 대로 다 마신 커피잔을 씻지 않고 조리대 위에 내려놓았다. 나는 문간에서 등산화를 신고 밖으로 나가 배낭을 어깨에 메고 오솔길을 향해 걷기 시작했다.

여행의
끝에서
발견하다

내가 기억하는 길은 거기에 없었다. 벌써 사라진 지 오래였다. 어쩌면 그 길은 처음부터 존재하지 않았는지도 모른다. 잉꼬 야콥은 흙먼지로 돌아간 지 오래되었다. 작은 개울을 건너던 첫번째 다리는 흔적조차 찾을 수 없었다. 두번째 다리도 그 자취가 보이지 않았다. 심지어 그 작은 개울은 낯설어 보이기까지 했다. 이제 더이상 상류에 있던 다리 밑으로 조용히 재잘거리며 흐르던 물소리도 들리지 않았고, 개울둑을 따라 피어 있던 노란색의 구륜앵초도 보이지 않았다. 폭포는 없어졌다. 봄이 와서 눈이 녹는 바람에 개울에 물이 가득하기는 했지만, 폭포는 온데간데없고 물살이 세차게 흘러내리는 작은 여울만이 눈에 보였다. 그 폭은 0.5미터를 넘지 않았다. 물은 계곡 아래로 흘러내렸지만, 내가 기억하고 있는 것처럼 물거품이 이는 정도는 아니었다.

들판은 더이상 존재하지 않았다. 오솔길이 끝났음을 알려주었던 장소, 걸음을 멈추고 싸온 점심과 초콜릿을 먹었던 그곳은 이제 나무가 울창하게 자랐다. 우리는 옛날 여기서 땅을 일구었던 사람들이 큰 소리로 나누던 이야기들이 메아리치며 들리는 것 같은 느낌을 받을 때가 자주 있었다. 뜨거운 햇살 아래 등을 구부린 채, 큰 낫으로 풀을 베어 와서 선반에 매달아 말리고, 더위에 지쳐 흘러내린 구슬땀을 식히며 그늘진 곳에서 점심을 먹고, 잠시 커피를 마시고 쉬면서 조용히 대화를 나누고, 숲에서 들리는 새소리와 끝없이 윙윙거리는 곤충 소리에 귀를 기울이던 그들의 모습이 떠올랐다. 신경질적으로 몸을 이리저리 뒤척이며 움직이던 말과 기분좋은 듯 주변을 빠르게 내달리던 개도 생각났다.

나는 옛날에 들판이 있었던 자리에 자란 소나무숲 아래 섰다. 아파트 건물 높이의 커다란 소나무들이 무성한 숲에서는 아무 소리도 나지 않았다. 소나무들은 함께 무리를 지어 자랐다. 그 아래 바닥은 텅 빈 채로 정적만 흘렀다. 각종 풀과 꽃, 지푸라기, 낙엽수들은 모두 사라지고 없었다. 내가 알고 있었던 그 오솔길은 없어졌다. 내가 지금까지 기억하고 있던 유일한 장소는 나와 몇몇 사람들의 머릿속에만 남아 있었다.

나는 몸을 돌려 다시 오두막을 향해 걸었다. 개울을 두 번 건너고 마차를 끌던 말이 잠시 쉬곤 했던 산에 다다랐을 때, 나는 걸음을 멈추었다. 그 산만은 내가 기억하고 있는 대로 그 자리에 있었다. 빙하가 녹고 육지가 융기한 이래로 변치 않고 그 자리를 우뚝 지키고 서 있는 그 산에게 40년은 전혀 긴 시간이 아니다. 차가운 돌 표면을 손으로 매만지며 암벽에 등을 대고 기댔다. 시원한 산들바람은 그날도 불지 않았다.

며칠 뒤 사무실로 돌아온 나는 노르웨이트레킹협회 홈페이지에 들어갔다. 거기에는 지도에 나온 두 지점 사이의 거리를 측정할 수 있게 하는 기능이 있다.

나는 우리 오두막의 위치를 찾아보았다. 오두막은 녹색의 지도 위에 검은 점으로 표시되어 있었다. 그곳의 개울은 가느다란 청색 선으로 표시되어 있었지만 오솔길은 지도상에 전혀 나오지 않았다. 나는 오두막 위치에 좌표를 찍고 옛날에 작은 들판이었던 곳, 즉 오솔길의 끝을 나타내는 지점까지 화살표를 끌어당겼다. 지도 화면 위에 나타난 거리는 놀랍게도 직선거리로 352미터였다. 겨우 352미터. 실제 지형을 기준으로 측정한다 해도 그 오솔길은 아마 0.5킬로미터에 불과했을 것이다.

나는 한번 더 거리를 재보았다. 마찬가지로 352미터. 나는 사무실에 앉아 컴퓨터 화면을 응시하면서, 내가 과거에 전혀 이해하지 못했던 사실을 이제야 알게 되었음을 깨달았다. 나는 마침 내 여행의 끝에 도달한 것이었다. 내가 이 여행의 끝에서 발견한 것은 바로, 길의 역사는 길 그 자체의 길이보다 더 길다는 사실이었다.

에필로그

길에 대한 책을 책상에만 앉아서 쓰는 것은 온전할 수 없다. 반면에 적어도 가끔은 글을 쓸 때 책상 앞에 앉아야 한다. 이 책은 그 두 가지 매우 다른 상태가 서로 교차하면서 탄생했다. 나는 이 책을 책상 의자에 앉아서 컴퓨터 앞에서 썼다. 하지만 책에 나오는 여러 단상과 생각들, 회고, 연상은 길을 걷는 도중에 머릿속에 떠오른 것들이다.

프랑스 철학자 장자크 루소는 자신은 걸을 때만 오로지 생각할 수 있다고 주장했다. 영국 과학자 찰스 다윈은 "사색의 길the thinking path"에 대해서 이야기하면서 생각하는 것과 걷는 것, 두 가지 상태를 하나로 결합시켰다. 내가 루소나 다윈과 같은 반열에 있다는 것을 의미하는 것은 아니지만, 나 또한 길을 걸을 때 머리가 가장 잘 돌아가는 사람인 것은 분명하다.

나는 숲으로 난 오솔길도 걷고 시내의 인도 위도 걸었다. 새로운 생각이 떠오를 때마다 나는 걸음을 멈추고 그 생각을 수첩에 기록한 다음에 계속 길을 갔다. 한 가지 배운 게 있다면, 길을 가다 떠오른 생각을 곧바로 메모하지 않는다면, 그 생각은 금방 까먹기 마련이며 영원히 사라질 것이라는 사실이다. 생각은 소파에 앉아서 떠오르지 않는다. 생각은 길을 걸을 때 머릿속에 떠오른다. 걷는 것과 생각하는 것, 이 두 가지 기본적인 인간 활동 사이에 마치 어떤 신비한 연결고리가 있는 것처럼 말이다. 따라서 무엇보다 오늘날 우리 시대의 사람들이 주로 가만히 앉아 지내고 싶어하는 경향을 보이는 것은 약간 충격적이지 않을 수 없다.

감사의 말

이 책이 나오기까지 여러모로 도움을 주신 많은 분들에게 감사의 말씀을 드린다. 하지만 책 내용 중에 잘못 기재된 사실이 있다면, 그것은 모두 내 잘못임을 밝힌다.

주변의 자연풍경을 읽는 것이 무엇인지, 그리고 길이 없는 지형을 스스로 헤쳐나가는 정신적 도전에 대해 내게 알려준 노르웨이 오리엔티어링 국가대표팀 코치 케넷 부크에게 고맙다는 말을 드린다. 내게 이동과 이주에 대해 가르쳐준 오슬로대학교 생물학 연구소 다그 오 헤센Dag O. Hessen 교수, 노르웨이를 최초로 종단하고 그의 장거리 여행 이야기를 들을 수 있는 즐거움을 맛보게 해준 비에른 암스루, 퍼시픽 크레스트 트레일 장거리 도보 코스에 대한 자신의 경험을 내게 들려준 아네트 로사에게도 고마움을 전한다. 또 내게 역사박물관을 견학시켜주고 마지막 빙하기 이후에 노르웨이에 온 최초의 사람들에 대해서 이야기해준 오슬로대학 고고학연구소의 카리네 에이문손Carine Eymundsson, 하르당에르고원을 가로지르는 옛 노르만슬레페네 관련 전문가이자 역사학자 페르 브렘네스Per Bremnes, 스페인의 카미노 데 산티아고 순례길을 5주 동안 걸은 이야기를 들려준 비베케 퀴슈트 헤우겐과 앙네테 브룬, 우리 할아버지, 할머니의 농장에 대한 귀중한 정보를 제공한 안네 마리 판발Anne Marie van Baal과 스베인 뤼세보Svein Lysebo, 내 원고를 읽고 귀중한 의견을 제공해준 타리에 홀트베트Tarje Holtvedt, 집필 도중 내가 거의 방향을 잃었을 때 계속해서 글을 쓰도록 보살펴준 이 책의 편집자 마리 비에르크엥Mari Bjørkeng, 나의 도보여행 동료이자 길잡이 욘 케네트 스티굼John Kenneth Stigum에게도 고마운 마음을 전한다. 그리고 어릴 적 기억을 되살려준 두 여동생 비그디스와 안네, 나를 오솔길로 데리고 와서 걷는 법을 가르쳐준 어머니와 아버지에게 정말 감사드린다.

옮긴이의 말

배낭을 꾸렸다. 당일 산행이라 짐을 최소화하려고 했지만, 혼자 가는 길이라 혹시 고립될 때를 대비해 침낭과 버너도 챙겼다. 요즘엔 코로나 사태로 대피소 숙박이 어렵기 때문에 당일 일정일 수밖에 없다. 설악산은 학창 시절에 여러 차례 오르내린 적 있지만, 혼자 산행은 처음이라 설레기도 하고 한편으론 두렵기도 했다. 언젠가 저 산을 혼자 걸어보리라고 마음에만 담아두었다가 마침내 그 꿈을 실행에 옮기게 된 계기는 바로 토르비에른 에켈룬이라는 노르웨이 작가가 쓴 이 책 『두 발의 고독: 시간과 자연을 걷는 일에 대하여』를 번역하면서다.

저자는 어느 날 갑자기 의식을 잃고 쓰러져 응급차에 실려 병원에 갔는데 거기서 뇌전증이라는 진단을 받고 이후 자동차 운전을 못하게 된다. 그때부터 그는 어디를 가든 가능한 한 두 발로 걸어서 이동하기 시작한다. 그는 친구와 함께 아이들을 데리고 노르웨이 하르당에르고원을 가로지르는 옛 산길을 탐사하기도 하고, 오슬로 인근의 노르마르카숲을 태양에만 의존해서 기존의 탐방로가 아닌 길을 찾아가며 관통하는 모험도 감행한다. 그리고 어릴 적 부모님과 함께 걸었던 외갓집 오두막 뒷길을 회상하며 혼자 그 길을 탐색하기도 한다. 그 과정에서 길을 걷는다는 것이 단순히 그 길이 있는 자연 속 공간을 걷는 것이 아니라, 그 길과 연결된 시간, 즉 과거와 현재, 미래를 생각하며 걷는 것임을 깨닫는다. 저자가 이 책의 부제를 '시간과 자연을 걷는 일에 대하여'로 정한 것은 바로 그런 의미인 듯하다.

책을 번역하면서 저자의 생각이 내 평소 생각과 묘하게 일치하는 것을 알고는 내심 반가웠다. 그리고 오랫동안 꿈꿔왔던 설악산 단독 산행 의지도 더욱 굳어졌다. 마침내 원고를 탈고하는 순간, 바로 결행 날짜를 잡았다. 한계령으로 올라가서 서북능선을 타고 대청봉까지 갔다가 천불동계곡을 따라 설악동으로 하산하기로 했다. 지도에 나온 거리는 20킬로미터가 넘고 총 12시간을 걸어야 하는 코스다. 게다가 그 길을 당일로 넘어야 한다. 코스가 길기도 하고 오후에 비가 온다는 일기예보 때문에 중간에 일정을 바꿔 대청봉은 안 오르고 중청에서 하산하는 것으로 계획을 일부 수정했다. 정상에 가까워질수록 무릎도 좀 아프고 허벅지와 종아리, 발가락에 쥐도 나고 했지만, 보행 속도를 조절하며 몸을 잘 추슬러 마침내 아무 사고 없이 거의 11시간에 걸친 산행을 마쳤다. 대피소 숙박을 할 수 없어 산에 오르는 사람이 적었던 것이 오히려 내겐 혼자 걷는 여유를 충분히 누릴 수 있는 좋은 기회였다. 계곡을 내려올 때는 적막강산 깊은 산중에 혼자 있다는 고독감과 거대한 자연 속의 왜소한 존재감도 느껴보고, 설악산 계곡물에 잠시 얼굴도 씻는 여유도 부릴 수 있었다. 아무도 없는 산길을 걸을 때면 대개 아무 생각도 나지 않고 발걸음소리에만 집중하기 마련인데, 어느 지점에 이르자 "동산에 아침햇살 구름 뚫고 솟아와 (…) 가자, 천릿길 굽이굽이쳐 가자" 같은, 옛날 그 길을 걸으며 친구들과 함께 불렀던 노래들이 나도 모르게 입에서 흘러나왔다. 그리고 한번은 여름방학 때 산행중 사고로 화상을 입은 후배 한 명을 동행했던 네댓 명의 선후배들이 함께 들것에 싣고 이동하다가 날이 어두워 희운각 대피소로 내려오는 가파른 비탈길에서 비박을 하기도 했는데, 어느새 그 장소에 이르니 그동안 잊고 지냈던 사람들이 문득 떠올랐다. 장소와 풍경이 무의식 속의 기억을 되살린 것이다. 몸이 장소를 기억한다는 말이 있다. 바로 이런 때 쓰는 말일 것이다. 저자가 책에서 "사람과 장소는 동전의 양면과 같다", "우리가 그리워하는 것은 사람이 아니라 장소다"라고 말한 것도 바로 이런 상황을 의미하는 것이리라. 저자가 길을 걸으며 체험하고 생각한 것을 글로 썼다면, 나는 운 좋게도 그 글을 번역하고 나서 길을 걸으며 그의 생각을 되새김하는 기회를 가질 수 있었다. 책을 읽고 독자가 저자와 공감하는 방법은 여러 가지가 있지만, 이렇게 몸으로 직접 저자의 생각을 느낄 수 있는 기회가 있다면 그 공감은 깊이를 더한다. 머리로 공감하는 것과 몸으로 공감하는 것의 차이랄까.

혼자 여행을 떠나서 홀로 걷는 것은 동행이 있을 때와 정말 비교할 수 없는 경험을 제공한다. 다른 무엇을 생각하지 않아도 되는 자유로움, 온전히 자신에게 집중할 수 있는 시간, 아니 그것조차 잊을 수 있는 기회, 그냥 이것저것 생각나는 대로 행동해도 되는, 생각이 없으면 없는 대로 무심히 지낼 수 있는 시간과 공간을 누릴 수 있는 행복. 길다면 길고 짧다면 짧을 산행이었지만, 내게는 그것이 '지금 여기' 내 삶의 전부를 경험한 시간, 앞으로 다시는 돌아오지 않을 바로 그 순간이었다. 저자가 길을 걸으면서 깨달은 것처럼, 이번 산행은 나만의 또다른 시간과 자연을 걷는 소중한 기회였다.

끝으로, 북유럽 문학 전문번역가인 이유진 선생께 감사한다. 원저를 꼼꼼하게 살펴주신 덕분에 이 번역본의 완성도를 높일 수 있었다.

무슨 인연인지는 모르나 지구 반대편에 사는 한 사람이 나와 비슷한 경험과 생각을 공유하고 있다는 사실이 문득 신기하고 행복하기도 하다. 책을 통해 만난 저자의 생각을 체험으로 공감할 수 있다면 그 또한 행운일 것이다. 독자들도 그런 경험을 맛보길 바란다.

2021년 3월

김병순

주

1. 나는 로버트 무어Robert Moor가 쓴 『길에 대하여: 탐사On Trails: An Exploration』에서 미스테이큰포인트 생태보호지에 있는 화석 발자국의 역사에 대해 처음 알았다. 또한 2010년 2월 4일자 『뉴 사이언티스트New Scientist』에 게재된 제임스 오도너휴James O'Donoghue의 기사 「발견: 최초의 동물 자국Found: The first ever animal trails」에서도 정보를 얻었다. 그 발자국을 내 눈으로 처음 본 것은 옥스퍼드대학이 소유한 사진에서였다. 관심 있는 사람은 http://www.newscientist.com/article/dn18479-found-the-ever-animal-trails/ 참조.
2. 페테르 베셀 사페Peter Wessel Zapffe, 『야외생활의 소박한 즐거움과 여러 주제들Barske Glæder Og andre temaer fra et liv under åpen himmel』의 「도로Veien」에서 발췌, 인용(Peter Wessel Zapffe ⓒ Oslo, 1969). 귈렌달Gyldendal 출판사 최초 발간. 카펠렌 담Cappelen Damm 출판사 허락을 받아 인용.
3. 일부 독자들은 "그 거대한 세속의 땅"이라는 표현을 이미 알고 있을지도 모른다. 이 표현은 노벨문학상을 받은 크누트 함순Knut Hamsun의 소설 『땅의 혜택Markens Grøde』에서 가져왔다.
4. 저자가 앙네테 브룬Agnete Brun와 비베케 퓌슈트 헤우겐Vibeke Fürst Haugen의 동의를 받고 게재함.
5. 노르웨이트레킹협회 탐방로의 거리에 대한 정보는 노르웨이트레킹협

회에서 얻었다.

6. 노르웨이 도보여행길의 총 거리에 대한 정보는 노르웨이공공도로관리국Statens Vegvesen에서 얻었다.
7. 아네트 비쇼프Annette Bischoff, 『길과 사람, 그리고 자연 체험Stier, mennesker og naturopplevelser』에서 발췌.
8. 아네트 로사Anette L'Orsa의 동의를 얻어 게재함.
9. 로버트 프로스트의 시는 www.poetryfoundation.org에서 가져왔다. 대중들 사이에 널리 퍼져 있는 「가지 않은 길」에 대한 이러한 오해는 시에 관심이 있는 사람들이라면 일반적으로 보이는 경향이다. 이 책에서는 주로 로버트 패건의 분석에서 나온 주장들과 앨리슨 시Allison Seay가 쓴 소책자 『원천: 여행에 대한 시Wellspring: Poetry for the Journey』(Associate for Religion and the Arts, St. Stephen's Episcopal Church, 2016)에 실린 분석을 인용했다. 패건의 「가지 않은 길」에 대한 분석은 『미국의 현대시Modern American Poetry』, www.modernamericanpoetry.org에 게재되었다.
10. 루네 슬라그스타Rune Slagstad의 저서 『스포츠Sporten』에서 발췌.
11. 노르웨이트레킹협회가 발간하는 여행 잡지 「1994년 노르웨이트레킹협회연감Den Norske Turistforenings Årbok 1944」에 실린 에마누엘 몬Emanuel Mohn의 「요툰헤이멘Jotunheimen」에서 발췌.
12. 노르웨이 공영 방송국 엔에르코(NRK)가 제작한 팟캐스트 〈백인 남자 둘Two White Men〉에 나온 내용 발췌.
13. 애팔래치안 트레일을 완주한 최초의 여성 에마 게이트우드Emma Gatewood에 대한 자세한 내용은 벤 먼트거머리Ben Montgomery가 쓴 그녀의 전기 『게이트우드 할머니의 도보여행: 애팔래치안 트레일에서 살아남은 여성의 감동적인 이야기Grandma Gatewood's Walk: The Inspiring Story of the Woman Who Saved the Appalachian Trail』(Chicago Review Press, 2014)와 다이

애나 리스Diana Reese의 2015년 1월 「워싱턴포스트」 기고문 「게이트우드 할머니, 가정폭력에서 살아남아 67세에 홀로 애팔래치안 트레일 완주Grandma Gatewood Survived Domestic Violence To Walk the Appalachian Trail」에서 발췌.

14. 이 책에 인용된 비에른 암스루Bjørn Amsrud의 말은 저자가 직접 만나 채록한 내용이다.

15. 저자 조부모의 농장에 관한 사실과 인용문은 노르웨이국립도서관에 디지털 자료로 소장된 『헤드룸 지역사 3권. 크벨레와 바르네스 교구 농장 및 가족Hedrum Bygdebok 3. Gårder og slekter I kvelde og hvarnes sogn』(1979)에서 발췌.

16. 셰익스피어의 희곡 「뜻대로 하세요As You Like It」 2막 7장에서 발췌.

17. 아르네 네스Arne Næss의 『생명의 철학: 더 깊은 세계의 이성과 감성Life's Philosophy: Reason and Feeling in a Deeper World』에서 나온 말.

18. 원래는 〈즐거운 도보여행자Der fröhliche Wanderer〉 또는 〈우리 아버지는 도보여행자Mein Vater ist ein Wandersmann〉라는 제목의 독일 노래임. 1800년대 초 프리드리히 지기스문트Friedrich Sigismund가 작사하고 2차세계대전이 끝난 직후 프리드리히 빌헬름 묄러Friedrich-Wilhelm Möller가 곡을 붙였다. 저자의 어머니가 노래한 것은 야곱 헬테Jacob Helte가 노르웨이어로 번안한 곡이다.

19. 이 책에 인용한 괴테의 시는 1776년에 그가 「나그네의 밤 노래」라는 동일 제목으로 발표한 두 편의 시 가운데 하나다. 내게 친숙한 노르웨이어 번역시는 저명한 노르웨이 작가 안드레 비에르케André Bjerke의 작품이다. 영어로 번역된 시는 Bartleby.com에 실린 헨리 워즈워스 롱펠로Henry Wadsworth Longfellow의 것을 발췌했다.

20. 이 두 문장은 요한네스 달Johannes Dahl의 책 『노르마르카. 동화와 엘도라도Nordmarka. Eventyr og Eldorado』(Johan Grunt Tanum, 1942)의 「산정호

수Fjellsjøen」 편에 실린 문장을 가져다 썼다.

21. 아리아드네와 테세우스에 대한 신화는 노르웨이대백과사전(Store norske leksikon) 홈페이지(snl.no)와 위키피디아에 나온 내용을 참조했다. 이 신화를 해석한 많은 사람 가운데 한 명이 로마 시인 오비디우스Ovidius인데, 여기서 인용한 내용은 그 오비드판 신화를 영어로 번역한 것(밀러Miller 번역; 8권, 172-76행)으로 인터넷에서 찾았다.

〈사진〉(6쪽) 매우 세심한 독자들은 이미 눈치챘겠지만, 오솔길에서 찍은 나와 두 여동생 사진은 우리 아버지 작품이다.

참고문헌

Bischoff, Annette. *Stier, mennesker og naturopplevelser*. Novus Forlag, 2015.

Bjerknes, Ernst. *Via Skis, Velocipede and Sketchbook*. Dybwad, 1943.

Bryson, Bill. *A Walk in the Woods: Rediscovering America on the Appalachian Trail*. Black Swan, 2015.

Chamberlin, Silas. *On the Trail: A History of American Hiking*. Yale University Press, 2016.

Chatwin, Bruce. *The Songlines*. Vintage Books, 1998.

Dingle, Hugh. *Migration: The Biology of Life on the Move*. Oxford University Press, 2014.

Emerson, Ralph Waldo, and Henry David Thoreau. *Nature and Walking*. Beacon Press, 1992.

Fønnebø, Reidar. *Langs Nordmannsslepene over Hardangervidda*. Universitetsforlaget, 1988.

Fønnebø, Reidar. *Nordmannsslepene. Store Nordmanns Slepa, den eldgamle ferdselsåren mellom Østlandet og Vestlandet*. Norges Naturvernforbund og Numedal Reiselivslag, 1968.

Foy, George Michelsen. *Finding North: How Navigation Makes Us Human*. Flatiron Books, 2016.

Gatty, Harold. *Finding Your Way Without Map or Compass*. Dover Publications, 1983.

Gooley, Tristan. *How to Read Nature: Awaken Your Senses to the Outdoors You've Never Noticed*. The Experiment. New York, 2017.

Hamsun, Knut. *Growth of the Soil*. Penguin Classics, 2007.

Harari, Yuval Noah. *Sapiens: A Brief History of Humankind*. Signal 2014.

Harris, Nick, Helen Harris, and Paul Marshall. *A Man in a Hurry: The Extraordinary Life and Times of Edward Payson Weston, the World's Greatest Walker*. deCoubertin Books, 2012.

Heinrich, Bernd. *The Homing Instinct: Meaning and Mystery in Animal Migration*. Mariner Books, 2015.

Kerouac, Jack. *The Dharma Bums*. Penguin Classics, 1976.

Koester, Robert J. *Lost Person Behavior: A Search and Rescue Guide on Where to Look—For Land, Air and Water*. dbS Productions, Charlottesville, Virginia, 2008.

Macfarlane, Robert. *The Old Ways: A Journey on Foot*. Penguin Books, 2012.

Monbiot, George. *Feral: Rewilding the Land, Sea, and Human Life*. Penguin Books, 2013.

Montgomery, Ben. *Grandma Gatewood's Walk: The Inspiring Story of the Woman Who Saved the Appalachian Trail*. Chicago Review Press, 2014.

Moor, Robert. *On Trails: An Exploration.* New York: Simon & Schuster, 2016.

Næss, Arne. *Life's Philosophy: Reason and Feeling in a Deeper World.* University of Georgia Press, 2008.

Nicholson, Geoff. *The Lost Art of Walking: The History, Science, Philosophy, Literature, Theory and Practice of Pedestrianism.* Harbour Books, 2011.

Øverås, Tor Eystein. *I dette landskap. Artikler og essays.* Gyldendal, 2012.

Solnit, Rebecca. *A Field Guide to Getting Lost.* Penguin Books, 2006.

Solnit, Rebecca. *Wanderlust: A History of Walking.* Penguin Books, 2000.

Stevenson, J. R. *Travels with a Donkey in the Cévennes.* Penguin Books, 1976.

Thoreau, Henry David. *Walden; Or, Life in the Woods.* Signet Classic, 1980.

두 발의 고독
시간과 자연을 걷는 일에 대하여

초판 1쇄 인쇄 2021년 4월 27일
초판 1쇄 발행 2021년 5월 7일

지은이 토르비에른 에켈룬 | 옮긴이 김병순 | 펴낸이 신정민

편집 강건모 이희연 신정민 | 디자인 윤종윤 | 저작권 김지영 이영은
마케팅 정민호 김경환 | 홍보 김희숙 김상만 함유지 김현지 이소정 이미희 박지원
모니터링 이원주 | 제작 강신은 김동욱 임현식 | 제작처 한영문화사

펴낸곳 (주)교유당
출판등록 2019년 5월 24일 제406-2019-000052호

주소 10881 경기도 파주시 회동길 210
문의전화 031) 955-8891(마케팅), 031) 955-3583(편집)
팩스 031) 955-8855
전자우편 gyoyudang@munhak.com

ISBN 979-11-91278-39-2 03920